KB067712

독기를
휘두르다

내 인생을 바꾸는
읽고 쓰고 실행하는 법

독기를 휘두르다

북그북그 지음

배우고 기록하며
실천하는 사람만이
진정한 변화를 이룰 수 있다!

청년정신

살아가면서 우리는 수많은 어려움을 마주하게 됩니다. 삶이 내게 문제를 낼 때 그 문제를 해결할 수 있는 힘은 어디에 있을까요? 사람은 서로 크게 다르지 않습니다. 나와 비슷한 고민, 나와 비슷한 문제를 가지고 있었던 누군가의 극복기를 보면서 우리는 용기를 얻고, 삶의 지혜를 찾을 수 있습니다.

이 책을 읽는 내내 잔잔한 감동을 느꼈습니다. 저자가 말해 주는 솔직하고 담백한 이야기를 읽으면서 한 편의 영화를 보는 것 같은 생생함을 느끼기도 하였습니다. 어느 날 우연히 읽은 책에서 용기를 얻은 저자는 이제 세상에 그 용기를 다시 돌려 주고 있습니다. 삶의 의미를 찾지 못해 방황하고 있거나, 어려움을 겪고 있는 분들에게 이 책은 소중한 선물이 될 것입니다.

_부아 c, 『부의 통찰』 저자

저자는 책을 통해 읽기와 쓰기 그리고 실행의 중요성을 강조한다. 책을 통해 얻는 배움의 시간을 강조하고, 쓰기를 통해 성숙의 시간을 가진다. 나아가 실행으로 성장할 수 있음을 강조하고 있다.

우선 저자는 책을 읽는 방법에 대한 자신의 노하우를 자세히 알려 주고, 어떻게 글쓰기 실력을 키울 수 있었는지, 책을 통해 얻은 지식과 지혜를 어떻게 자신의 삶에 적용해 자신을 바꿀 수 있는지, 세상에 하나뿐인 자신의 생생한 경험을 통해 이야기한다. 그래서 더 공감이 간다.

저자가 책 속에서 했던, "시간이 없다는 핑계를 대지 말자."라는 말이 와 닿는다. 저자의 생각에 공감하고 있었기에 즐겁게 이 문장을 만날 수 있었다.

우리에게는 24시간이 동일하게 주어진다. 다만 시간을 사용하는 사람에 따라 같은 24시간이 효율과 비효율로 나뉜다.

글쓰기 파트에서는 목표의 중요성을 강조하고 있다. 목표

는 거대담론이 아니라 일상의 소소한 것부터 잡아야 한다
는 말이 공감이 간다. 저자 자신이 실제 목표를 적고 달성
한 것을 토대로 '할 수 있다'는 의지를 전달해 준다는 점에
서 책을 읽는 독자 입장에서 '아! 나도 할 수 있겠다'는 희망
을 불러일으킨다. '작은 목표부터 세우면 된다.' 라는 권면
을 통해 쉽게 도전에 나서지 못하는 독자들에게 용기를 주
고 있다.

　사실 이 책에서 가장 중요한 부분은 세 번째 챕터인 '실
행의 중요성'에 관한 이야기다. 이 책을 읽으면서 가장 기억
에 남는 문장이 있었는데, 바로 "우리는 두려움의 홍수에 버
티기 위해 끊임없이 용기의 둑을 쌓아야 한다." 라는 말이었
다. 책을 통해 도전과 성취의 중요성을 공감할 수 있었다.

　읽기와 쓰기 그리고 실행을 통해 한 뼘 더 성장해 가는 모
두가 되길 기대하면서 이 책을 추천한다.

_알파, 『위너 노트』 저자

　주변에서 글쓰기는 물론 독서와도 거리가 멀었던 사람이
1년 뒤에 책을 써 내겠다고 공언한다면 과연 믿음이 가겠습
니까?

글을 꽤 읽었다는 사람도 바로 작가가 되기 힘든 법입니다. 하지만 이 책의 저자, 북크북크는 신기한 인물입니다. 불가능해 보이는 그 일을 해냈습니다. 불과 1년 전까지만 하더라도 독서와 글쓰기와는 전혀 무관한 삶을 살던 그였는데 말입니다.

어느 날 저자는 무슨 바람이 불었던지 우연히 책 한 권을 읽습니다. 그리고 그 독서 경험을 바탕으로 게걸스럽게 책을 찾아 읽어나가기 시작했습니다. 읽기는 곧 쓰기로 이어졌습니다. 글쓰기는 이윽고 삶을 쓰는 것으로 나아갔습니다. 그 결과물이 바로 이 책입니다.

상대적으로 짧은 1년 동안의 독서와 글쓰기를 통해 삶을 바꿀 수 있다는 사실을 저자는 보여 줍니다. 그는 현재 작가이자 동기부여 강사로 활동하고 있습니다. 여러 플랫폼에서 인플루언서로 활약하며 많은 사람들에게 변화의 영감을 주고 있습니다.

그는 직업군인으로 13년을 보내온 인물입니다. 책과는 천 리 만 리 멀 것만 같은 직업을 가진 그는 지난 해 책과의 만남 이후 놀라울 정도로 자신의 발전을 이루고 새로운 도전을 추구하는 삶을 살아가고 있습니다. 바로 이 책이 그 증거물인 셈입니다.

저자는 묵묵히 주어지는 임무를 완수하던 직업군인에서 자기 삶을 주도적으로 이끌어 나가는 인물로 변했습니다. 얼마 전 이 책의 집필을 끝낸 북크북크 저자를 만난 적이 있었는데, 행복해 보였습니다. 드디어 자기 삶의 목적과 거기에 도달할 선명한 목표를 찾았기 때문입니다.

저자가 자아를 실현해 가는 이 과정에는 글의 힘이 작용하고 있습니다. 그는 글과 접점이 없는 인생을 살다가 뒤늦게 독서에 빠졌고, 책을 통해 글을 소비하는 소비자의 과정을 거쳐 이렇게 문자를 통해 의미를 생성하는 생산자로 진화해 가고 있습니다.

독서와 글쓰기는 존재 차원의 이동이라고 표현할 수 있을 정도로 변혁적인 행위입니다. 추천사를 쓰는 저부터가 책 읽기와 실행을 통해 삶을 변화시킨 적이 있습니다. 인생을 가장 바꾸기 쉬운 방법이 바로 읽고, 쓰고, 행동하는 것이지요.

북크북크 저자 또한 읽기를 시작으로 삶을 바꿔 냈습니다.

그는 농밀한 시간을 글과 함께 살았습니다. 그렇기 때문에 1년이라는 길지 않은 기간 동안 지적으로, 사유적으로, 성장 마인드 측면으로 급성장이 가능했던 겁니다. 읽기와 쓰기와 행동이 함께 한다면 그 성장은 누구나 해낼 수 있습니다.

본서에서 저자는 변화를 위해 실행 가능한 방법과 노하우를 소개합니다.

이 책은 독서 초보에 불과했던 저자가 1년 만에 작가의 위치까지 다가설 수 있었던 여정을 지도를 보는 것처럼 일목요연하게 알려 줍니다. 아직 책과 친숙하지 않지만, 책 읽기를 통해 삶의 변화를 꾀하는 분이 계신다면 경청할 만한 이야기로 가득합니다. 책을 고르는 방법, 독서활동에 시간 분배하는 방법, 책 읽는 습관을 몸에 붙이는 방법, 병렬독서를 하는 방법, 전자책 쓰기 등 실제적인 노하우와 팁을 저자의 경험을 통해 안내하고 있습니다.

저자, 북크북크 자신의 작가 수업 과정을 생생하게 전해 주고 있으니 읽기와 쓰기를 넘어 책을 내고 싶은 목표를 가지고 있는 분이 있다면 명쾌한 지침서가 되리라고 생각합니다.

_데미안, 『처음으로 공부가 재밌어지기 시작했다』 저자

그날, 엄마는 침대에 누워 계셨고 다시는 일어나지 않았습니다. 일곱 살, 내 눈앞에서 엄마가 세상을 떠나셨습니다. 집에는 나와 여동생뿐이었습니다. 직업상 배를 타야 하는 일이 많으셨던 아버지는 우리 곁에 계시지 않았습니다. 울면서 이웃 분에게 도움을 청한 나는 아버지가 퇴근해 돌아오신 뒤 비로소 엄마가 돌아가셨다는 걸 깨닫게 되었습니다.

엄마의 온몸에 붕대를 감는 모습을 보면서 아버지가 눈물을 흘렸고, 고모들이 우셨습니다. 처음이었습니다. 어른들도 운다는 걸 그때 알았습니다.

그렇게 장례를 치르고 아버지는 생활을 위해 어쩔 수 없이 다시 배를 타느라 집을 비우셔야 했습니다. 그때부터 나와 동생은 고모와 이모 손에 커야 했고, 친자식이 아닌 이상 알게 모르게 받았던 서운함과 엄마 없는 설움을 견뎌야 하는 건 어쩔 수 없는 일이었습니다. 유년의 아픈 기억들입니다.

나는 태어날 때 양수를 들이켜 거의 6개월을 인큐베이터에서 자랐다고 합니다. 그래서인지 나는 무척이나 허약한 아이였습니다. 하루 한 끼만 먹어도 제대로 소화를 시키지 못했고, 잘 먹지 못하니 깡마른 몸이었습니다. 그러다 보니 자신감도 바닥을 쳤고, 아버지의 직업 특성상 잦은 이사를 다녀야 했기에 매번 새로운 환경에 적응해야 하는 상황 또한 힘겨웠습니다. 그리고 점점 남에게 쉽게 마음을 열지 못하는 소심한 성격으로 변해 갔습니다.

시간이 많이 흘렀지만, 상처를 잘 받는 이런 성격은 잘 고쳐지지 않았습니다. 마음속 깊이 새겨진 상처는 그대로인 채로 몸집만 커진 아이였던 것 같습니다.

그렇게 성인이 되고 군에 입대했습니다. 아버지는 해군 특수부대 출신이셨는데, 그런 아버지를 동경했던 나머지 부사관으로 군에 입대했던 것이 벌써 13년 전입니다.

직업군인. 사실 나이가 어렸던 그때는 몰랐습니다. 내가 하고 싶은 일, 좋아하는 일이 무엇인지 말이죠. 그저 또박또박 월급이 나오는 안정적인 직업이라는 조건 정도가 직업군인의 길을 선택한 이유였을 겁니다.

그렇게 하루하루가 의미 없이 흘러갔습니다. 나라를 지키는 명예로운 직업이라고는 하지만 그 직업은 정말 내가 원해서 선택했던 것일까요? 그렇지는 않은 것 같다는 생각이 들었습니다. 그저 내 인생에서 하루하루를 지워가고 있었을 뿐.

문득 너무나도 삶이 힘겹고 고통스럽다는 생각에 빠져 허덕거리던 때가 있었습니다. 바로 그때, 우울감에 빠져 생각 없이 길을 걷다가 우연히 들어갔던 북카페에서 책을 한 권 발견했습니다. 나를 바꾼 책 한 권과의 만남.

그때부터 하루에 한 권씩 책을 읽었습니다. 그렇게 읽은 책들이 쌓였고, 그것을 바탕으로 블로그에 100일 동안 100편의 글을 쓰기 시작하면서 내 삶이 조금씩 달라지기 시작했습니다. 그리고 죽기 전에 내 이름을 걸고 책을 쓰고 싶다는 생각을 하게 되었습니다.

책을 읽지 않았다면, 글을 쓰기 시작하지 않았다면, 지금도 여전히 목표 없는 삶의 하루하루를 맥주를 마시고, 게임을 하고, 영화를 보면서 무의미하게 소비하고 있을지도 모르겠습니다.

하지만 나는 달라졌고, 이제는 새로운 꿈을 품게 되었습니다. 자기계발 분야 베스트셀러 작가이자 최고의 동기부여 강사가 되는 꿈! 이제야 비로소 내가 정말로 하고 싶어하는 일이 무엇인지, 좋아하는 일이 무엇인지 알게 되었던 겁니다.

이 책은 독서를 지루하거나 어렵게 생각하는 사람들, 글을 쓰는 일이 부담스러운 사람들 그리고 책을 읽으며 자극을 받고 각성하게 되었지만 그 깨달음을 행동으로 옮기지 못해서 변화를 이끌어 내지 못하고 있는 이들과 교감하고자 쓰게 되었습니다. 내가 직접 몸과 마음으로 겪으면서 얻을 수 있었던 것들, 즉 읽고 쓰고 실행했던 실증을 통해 자신을 변화시키고 삶을 바꾸어 나갈 방법들에 대해 이야기합니다.

나 역시 첫 책을 만나기까지 34년 동안 책을 읽어본 적이 없었던 사람입니다. 더구나 글쓰기라는 건 엄두도 내본 적이 없었습니다. 내가 가지고 있는 잠재적 능력을 계발하고 한 단계씩 발전할 수 있는 기회는 언제나 있었지만, 그냥 주어진 상황에 안주하면서 내 인생에서 주어진 시간을 흘려보내고만 있던 삶이었습니다.

책을 만나고, 글을 쓰고, 책에서 얻은 지혜를 내 생활로 실행에 옮기면서 나는 완전히 다른 사람으로 바뀌었습니다. 아프고 슬픈 상처로 얼룩진 과거로부터 숨고, 도망치기만 했던 내가 이제는 똑바로 내 삶과 마주볼 수 있는 용기를 갖게 되었습니다. 내가 누구인지, 나라는 사람이 어떤 사람인지 알게 되었습니다. 책을 통해 만나게 된 지식과 지혜가 부정적인 감정에 매몰되어 있던 나를 긍정적인 인간으로 바꾸어 놓은 것입니다.

사실 누구나 할 수 있는 일입니다. 책을 읽고, 글을 쓰고, 행동으로 옮기기만 하면 반드시 새로운 삶, 새로운 기회를 얻을 수 있다고 확신합니다.

'기회의 신'은 뒤통수가 대머리라고 합니다. 준비가 되어 있지 않다면 기회가 와도 그것이 기회였다는 걸 모른다고 합니다.

이 책을 읽으며 소통하고 공감을 나누는 동안 독자 여러분 앞으로 다가오는 기회를 잡기 위해 무엇을 준비해야 할지 조금이나마 도움이 되지 않을까 생각합니다. 그렇게 확신합니다.

이제 내 이름 앞에 계속해서 수식어를 붙여 가고자 하루하루를 소중하게 여기며 준비하고 실행하고 있습니다. 책을 만나지 못했더라면, 글을 써보자고 결심하지 않았더라면, 그 결심을 꾸준히 실행하지 않았더라면, 예비역 직업군인이었을 나. 이제는 블로거 북크북크, SNS 인플루언서, 전자책 작가로 활동하고 있으며, 여러분이 이 책을 읽고 있는 시점엔 자기계발 도서를 낸 작가, 동기부여 강사라는 수식어를 달게 될 것입니다.

독자 여러분도 당연히 가능합니다. 이 책을 읽고 내 이름 앞에 붙게 될 나만의 수식어를 발견하고, 원하는 방향으로 인생을 이끌어 가는 '우리'가 되기를 기원합니다.

차례

3부   行   목표를 달성하는 방법

1부

讀

책 읽는 습관 기르기

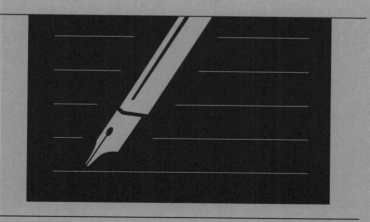

모든 것은 책 한 권으로부터 시작되었다

어렸을 때부터 허약했던 나는 성인이 되어서도 멸치처럼 마른 체질이었다. 변화해야 했다. 선택한 방법은 운동이었다. 쉽지 않았다. 그래도 2년 동안 단 하루도 쉬지 않았다. 그렇게 치열하게 운동을 했던 이유? 아버지와 같은 직업군인을 꿈꿨기 때문이었다.

그렇게 체력을 단련하고 몸을 만든 후 군인이 되었다. 처음 발령받은 곳은 추위가 살벌한 강원도의 어느 부대. 적응하기까지 꽤나 힘들었다. 특수부대인 수색대였다. 무거운 군장을 멘 채로 산을 타고, 한겨울 추위 속에 얼음을 깨고 물속에 몸을 담가야 했다. 몸을 만들어 입대했다고는 하지만 그럼에도 체력이 처져서 운동을 더 열심히 했다.

내가 더 잘해야 한다, 어린 나이에 엄마를 잃고 자주 집을 비우는 아버지 대신 동생을 건사하며 가장 역할을 해야 한다는 생각이 무의식 깊은 곳에 뿌리를 내리고 있었던 것 같다. 그래서인지 나는 늘 더 많이 노력해야 한다는 강박이 있었다. 교범을 끼고 다니며 공부했으며 궂은일도 마다하지 않았다. 힘겨웠다. 그래도 집에서는 내색하지 않았다. 걱정을 끼치는 게 싫었나 보다.

그렇게 군대생활을 이어가던 중에 근무하던 부대가 바뀌게 되었고, 부대를 옮기면서 그때까지 쌓아왔던 것들이 전부 사라졌다. 나는 교육 훈련에 소질이 있었지만 나와 잘 맞지 않는 임무를 자주 맡게 된 것이다.

부대별 특성에 따라서 새롭게 요구되는 능력이 있어서 처음부터 다시 시작해야 한다는 압박감이 강하게 밀려 들었다.

그럴 때마다 최선을 다해 인정받기 위해 노력했지만 인생이라는 게 어디 그렇게 쉽게 흘러가던가? 진급에서 계속 누락되었고, 낙오자가 된 기분이었다. 무의식 깊은 곳에서 '이러면 안 돼, 집에 걱정을 끼치지 말아야지. 잘해야 해.'

하고 나를 다그치고 채찍질했다. 그럴수록 현실과 부딪히기 시작했다. 잘해야 한다는 압박감이 어깨를 짓눌렀다.

문득 직업에 대한 회의가 몰려왔다. '군인은 나와 맞지 않는 길이었을까?' 의욕이 사라지자 짜증이 솟구쳤고, 모든 일에서 손을 놓아버리고 싶었다. 그러면서도 아들이 군대에서 잘 자리잡기를 바라는 부모님을 생각하면서 나를 다그쳤다.

치고 올라오는 후배들, 먼저 진급하는 동기들을 보면서 자신감이 떨어지자 나는 움츠러들기 시작했다. 밀리고 밀려 나락으로 추락할 것만 같은 두려움이 나를 엄습했다.

이번에도 진급하지 못하면 더 이상 기회가 없다고 판단했다. 그래서 일 년 동안 경연대회도 나가고 체력단련을 더 열심히 했다. 하지만 또다시 진급에서 밀리게 되자, 마치 마지막 구명줄을 놓친 듯한 느낌이 들었다.

'나는 지금 왜 이렇게 살고 있는 거지? 내가 생각하는 삶은 이런 게 아니었는데.'

삶을 포기해 버리고 싶은 순간이 찾아왔다.

어느 날, 길을 걷다가 우연히 북카페에 들어갔는데, 책장을 가득 메우고 있는 책들이 눈에 들어 왔다. 그 수많은 책들 속에서 마치 나를 기다리고 있었다는 듯이 단박에 눈에 들어온 책이 있었다.

『내일이 보이지 않을 때 당신에게 힘을 주는 책』

신기했다. 내게 하는 말인 것만 같았다. 심지어 수많은 책 중에서 유독 그 책만 내 눈에 들어오지 않았던가.

고민하지 않고 책을 집어 들었다. 책을 읽어본 지가 언제였던지 까마득한 나였지만 홀린 것처럼 책을 열고 읽기 시작했다.

『내일이 보이지 않을 때 당신에게 힘을 주는 책』에서 찾은 문장이다.

'장미를 선물하면 내 손에도 향기가 남는다. 세상의 주인은 당신이다. 당신이 변하지 않는다면 세상은 변하지 않는다.'

망치로 머리를 한 대 얻어맞은 느낌이 들었다.

그동안 나는 세상만 탓하고 있었다. 내가 노력한 만큼 세상이 알아 주지 않는다고 불평하고 원망만 늘어 놓으며 살아 왔다는 걸 책을 읽으며 깨달았다.

성인이 된 후로 처음 책을 한 권 다 읽었다. 그 감동과 희열이라니. 아직도 잊지 못한다. 세상을 살아낼 힘을 얻고, 살아가는 데 필요한 지혜를 얻은 것 같은 감동과 뿌듯함이 느껴졌다. 위안을 받고 격려를 받았다.

'내 삶의 주인은 나이며 나만이 내 삶의 결정권을
가지고 있다. 내가 변해야 세상이 변한다.'

내 삶의 주인은 나다. 내가 변해야 한다는 생각이 마음 속에서 휘몰아쳤다. 그리고 문득 궁금해졌다. 한 권의 책으로부터 삶에 대한 태도가 바뀌게 되는 영향을 받았는데, 더 많은 책들을 읽는다면 어떤 변화를 가져올 수 있게 될까? 정말 나는 변할 수 있을까?

스스로 질문을 던지고 답을 구하기 시작했다.

하지만 답은 쉽게 얻어지지 않았다. 결심했다. 더 많은 책들을 읽어 보기로. 나를 찾아가는 여행을 떠나 보자, 안주하고 있던 현실에서 걸음을 떼고 위해 한 걸음 더 나아가자고 다짐했다. 한 권의 책이 주었던 힘, 그리고 또다른 지혜를 알려 주고 나를 각성시키게 될 수많은 책들의 힘을 느껴 보고 싶었다. 다른 책을 읽다 보면 분명 내가 가지고 있는 다른 고민을 해결해 줄 지혜를 얻을 수 있으리라는 확신 같은 게 생겼다.

그렇게 시작된 책과의 만남. 나는 여전히 매일매일 책과의 만남을 계속해서 이어가고 있다. 수많은 책을 읽으며 이제는 꿈을 갖게 되었다. 죽기 전에 내 이름으로 된 책을 한 권 내보고 싶다는 꿈!

신기하게도 지금 이렇게 책을 쓰고 있고, 독자분들이 지금 쓰는 글을 읽고 있다면, 나는 꿈을 이룬 것이다. 그때, 우연히 들어섰던 북카페에서 그 책을 만나지 못했더라면, 그 책을 읽지 않았더라면 상상도 못할 일이 아닌가. 나는 그 책을 통해서 책 한 권이 가지고 있는 힘이 얼마나 강력한 것인지 깨닫게 되었다.

그 책을 만나게 된 이후로, 이제 나는 현재 4만 명의 팔로워를 가지게 되었고, 자기계발 동기부여 블로그를 운영하는 인플루언서 블로거로 변화를 이뤘다. 지금은 모임 운영자로도 활동하고 있으며, 내게 글쓰기와 독서법, 블로그를 성장시키기 위한 방법을 배우는 사람들도 많아졌다. 짧은 시간에 이뤄낸 성장이었다.

　만약에 책과 만나지 못했다면, 그래서 내가 바뀌어야만
한다는 걸 자각하지 못했다면 내 인생은 제자리걸음이었을
것이다. 하지만 이제 주말이면 독서모임도 나가고, 블로그
를 성장시키기 위한 노하우와 글쓰기 관련 전자책을 만들
어 500분 이상에게 아낌없이 나누어 줄 수 있는 사람이 되
었다.

　이제는 내가 좋아하는 일이 무엇인지 깨달았고, 잘하는
일 역시 깨닫게 되었다. 내가 좋아하는 일은 책을 읽고, 글
을 쓰고, 자신을 발전시키고 싶어 하는 사람들 앞에서 강의
하는 거였다. 그리고 계속해서 글을 쓰다 보니 어느새 자기
계발, 동기부여를 주제로 블로그를 운영하는 인플루언서가
되었다.

　책이 나를 바꿔 주었다. 내 이름 앞에 붙는 수식어가 달라
졌다. '인플루언서, 전자책 작가.' 그리고 이제는 정식 작가
라는 타이틀까지 얻게 되었다.

　책이 주는 힘이 얼마나 대단한지 깨닫게 되었고, 나라는
사람이 얼마나 바뀔 수 있는지, 내 삶의 주인은 나이며, 나

의 삶을 바꿀 수 있는 사람은 오직 나뿐이라는 깨달음과 함께 살아가고 있다.

　책을 읽지 않았다면 지금과 같은 일은 이루지 못했을 것이다. 여러분 또한 자신의 변화를 이끌어 낼 책을 찾아내고 그 책을 통해 기쁨을 얻었으면 싶다. 나를 위기 속에서 구해주고 새로운 삶을 꿈꾸게 해 주었던 고마운 한 권의 책처럼 당신을 기다리고 있는 책이 있을 것이다.

책을 읽으면 삶이 바뀌는 6가지 이유

많은 사람이 책을 읽어야 하는 이유에 대해서는 잘 알고 있다. 간접 경험을 통해 지식을 쌓고 지혜를 얻기 위해서다. 그런데 대한민국 성인을 기준으로 평균 50% 이상은 전혀 책을 읽지 않는다고 한다. 매일 책을 읽는 사람은 10%도 되지 않는다고 했다.

　그렇다면 하루에 한 권을 읽는 여러분은 어떻게 될까? 대한민국 성인을 기준으로 평균 이상이 되는 사람이 될 수 있는 걸까?

문제를 보는 관점이 변한다

삶을 살아가다 보면 많은 문제에 부딪힌다. 책을 읽어 보니 문제를 더는 문제로만 바라보는 것이 아니라 그 속에서 해결의 돌파구를 찾으려는 관점을 갖게 됐다. 알베르트 아인슈타인의 다음과 같은 명언을 통해 생각해 보자.

'우리가 우리의 문제를 해결할 수 없다면, 그 문제는 우리의 생각에 있지 않고, 대처하는 방식에 있다.'

서울에서 〈100일 100장〉 12기 합평회가 있던 날이었다. 합평회 시간이 정해져 있어 집으로 내려가는 버스를 예매했다. 하지만 생각보다 합평회가 늦게 끝나게 되어서 양해를 구하고 조금 먼저 나왔다.

하지만 택시가 잡히지 않았다. 시외버스 정류장까지는 4km 정도 거리였고, 시간은 30분이 남았다. 만약 지금 택시를 타지 못한다면 두 시간 뒤에야 다음 버스가 있었다. 그렇다고 걸어가자니 1시간 정도는 걸릴 것이다.

어떻게 해야 할까? 일반적으로 보자면 아마 다음 버스를 타기로 결정했을 가능성이 크다. 상황을 해결해야 하는 문제가 아니라 어쩔 수 없는 문제라고 생각하기 때문이다.

나는 거리와 시간을 다시 계산하기 시작했다.

'아니야, 포기하면 안 되지. 그렇다면 어떻게 해야 해결할 수 있을까?'

문득 생각이 떠올랐다. 부대에서 체력 측정을 할 때 3km를 12분 만에 완주하면서 특급을 유지했었다는 사실을.

'뛰자, 3km에 12분이라고 생각하고, 4km를 20분 안에만 도착하자.'

버스정류장까지 운동화 끈을 고쳐 매고 뛰기 시작했다. 결국은 20분 내에 도착해서 무사히 집으로 갈 수 있었다. 책을 읽으며 문제 속에서 해결책을 찾아내는 관점을 가지게 된 덕분이었다.

삶을 바라보는 시각을 바꾼다

이른 새벽, 훈련 때문에 5시에 집을 나섰다. 추운 겨울이었던지라 자동차의 창문이 하얗게 얼어 있었다. 창문에 붙은 서리를 긁어 내면서 문득 '이 추운 날 새벽부터 나는 무엇을 하고 있는 거지?' 하는 생각이 들었다.

그때 멀리서 손전등 불빛이 보였다. '이 시간에 출근하는 사람이 있었구나!' 라는 생각으로 불빛을 쳐다보고 있을 때 손전등이 다른 집들의 쓰레기통을 비췄다. 순간적으로 쓰레기를 치우러 오시는 분인 줄 알았다.

불빛이 점점 내 쪽으로 가까워지기 시작했다. 춥고 캄캄한 겨울 새벽, 손전등을 든 사람은 얇고 허름한 차림에 가방을 메고 계신 할아버지셨다.

먹을 것을 구하고 계신 건가? 물론 내 생각이 틀렸을 수도 있지만 그분의 행색과 상황을 생각해 보면 그럴 확률이 높았다.

불평불만을 쏟아내고 있었던 나 자신이 부끄러워지기 시작했다. 나는 지금 따듯한 옷차림으로 히터를 켠 차를 타고 출근하는 사람이 아닌가!

나보다 힘든 처지에 있는 사람이 수없이 많다는 것은 꼭 책이 아니더라도 어렴풋이 알고 있었다. 그 순간 빅터 프랭클린의 『죽음의 수용소』라는 책에 나오는 2차 세계대전 당시 아우슈비츠 수용소에서 살아남은 정신과 의사의 생활이 떠올랐다.

나보다 훨씬 더 힘든 상황에 놓인 사람, 더 괴로운 사람들도 어떻게든 살아가고 있다. 일하고 싶어도 능력이 닿지 않아서, 다른 여러 가지 이유로 직업을 구하지 못해 겨우겨우 생활하는 사람들도 많다. 그래도 나는 일을 하러 가는 사람이었다. 잠 잘 곳이 있고 내 차를 타고 출근할 수 있는 사람이라는 걸 새삼 깨달았다.

책을 읽지 않았더라면, 삶을 바라보는 시각을 바꾸지 못하고 짜증만 내고 있었을지도 모른다. 그렇게 생각하니 기분이 한결 좋아졌다. 내게 주어진 일상에 감사하게 됐다.

미래를 예측하고 준비할 수 있다

책은 오래전부터 전해오는 지식의 산물이다. 과거에 일어났던 일들을 우리는 책을 통해 배울 수 있다. 어떻게 이렇게 발전하게 되었는지, 과거에는 어떤 이유로 실패했는지도 분석하고, 미래를 예측하면서 대비할 수 있다.

개리 비숍의 『시작의 기술』에는 이런 이야기가 나온다.

'인생은 모험이다. 기회로 가득하다. 그러나 그 장엄하고 두렵고 흥분되는 불확실성을 인정하며 기회를 모두 받아들이느냐 마느냐는 당신에게 달려 있다. 당신이 통제할 수 있는 것에 집중하라. 당신이 통제할 수 없는 것들을 걱정하는 일에서 그만 스스로를 놓아 줘라.'

불확실성에 대한 공포를 가지고 있었던 나의 내면을 책을 읽으며 발견할 수 있었다. 어떻게 살아야 하는지 고민해 봤자 해결되는 것은 없었다는 걸 깨닫게 되었다.

그래서 내가 지금 집중할 수 있는 것은 무엇인지 생각하기 시작했다. '앞으로 어떻게 살아야 하는가?' 하는 문제보다는 '지금 어떻게 살아낼 것인가?' 하는 화두가 더 중요했다. 미래가 불투명한 상황이었지만 꾸준히 책을 읽다 보니 미래가 점점 형태를 이루며 그려지기 시작했다. 목표를 세우고, 목표를 이루기 위한 작은 계획들을 세우게 되었다. 내가 이루고 싶은 꿈을 생각하고, 꿈을 이루기 위해 무엇을 먼저 해야 할 것인지 알게 되었다.

내게 특히나 큰 감명을 주었던 보도 섀퍼의 『이기는 습관』에는 이런 문장이 있다.

'꿈을 실행할지는 오로지 자신에게 달려 있다. 지금, 이 순간 시작한다면, 무엇이든 자신이 원하는 것을 행할 수 있다.'

나는 지금 무엇을 할 수 있는가? 무엇을 할 수 없는가? 스스로 질문을 던지면서 나 자신을 객관적인 대상으로 두고 탐구했다. 군인이라는 직업 특성상 시간과 공간의 제약을 받고 있기는 하지만 베스트셀러 작가이자 동기부여 강사가 되겠다는 꿈을 꾸었다. 작가가 되기 위해 선행되어야하는 것은 무엇인지 나 자신에게 질문을 던졌다.

글을 잘 써야 한다. 당연하다. 그렇다면 글을 잘 쓰기 위해서는 무엇을 해야 할까? 책을 많이 읽어야 한다. 책을 쓰겠다는 사람이 책을 읽지 않는다면 말도 되지 않는다.

지금 당장 할 수 있는 일과 당장 할 수 없는 일들을 구분하고, 할 수 있는 일에 하루하루 최선을 다해 노력하자고 다짐했다. 그래서 매일 일정한 시간을 쪼개 책을 읽기 시작했다.

'나와 같이 평범한 사람도 책을 읽게 된다면
성공을 할 수 있을까?'

책은 다양한 지식과 지혜 그리고 경험을 담고 있다. 경험에는 두 가지가 있다. 직접 경험과 간접 경험이다.

직접 경험은 스스로 부딪치는 과정에서 얻을 수 있는 것이기에 가진 바 가치가 크지만 한계가 있다. 시간과 공간에 따른 제한이다. 즉 직업군인인 나로서는 다른 직업을 경험해 볼 수 없다. 만약 특정한 경험을 쌓고 싶다면 사직을 하고 그 현장으로 가야 할 것이다.

반면 간접 경험은 시간과 공간의 제약이 없다. 책에는 이미 어떤 분야에서 성공을 거둔 사람, 그 길을 먼저 갔던 사람의 모든 과정이 담겨 있다. 어떻게 성공하게 되었는지, 또 실패하게 되었는지를 간접적이나마 경험해 볼 수 있다.

내가 목표를 세우는 데도 책은 귀중한 정보를 제공하고 지혜를 나누어 주었다.

독서가 가져다 주는 깨달음

독서를 하면 살아가는 데 필요한 깨달음을 얻게 된다. 배우는 것과 깨달음에는 작지 않은 차이가 있다. 배운다는 것은 새로운 지식을 습득하는 것인 반면에 깨달음은 외부의

요인에서 답을 찾는 것이 아니라 내면에서 답을 찾는 것이란 점이다.

우리는 책을 읽는 동안 내면으로부터 울려오는 질문에 스스로 답을 구할 수 있다. 그래서 책을 많이 읽는 사람은 해박한 지식을 가지고 있다기보다는 많은 깨달음을 얻은 사람이라는 생각이 든다.

세상에는 시험지처럼 딱 정해져 있는 정답이 없다. 그래서 오답도 없다. 깨달음을 얻은 사람만이, 비록 실패를 경험하게 된다고 할지라도 그것을 극복하고 앞으로 나아갈 수 있다.

치유

책은 마음의 상처를 치유하는 데도 탁월한 효과가 있다. 조직사회의 일원으로 살아가기 위해서는 필연적으로 사회적 관계망이 형성되어야 하는데, 당연하게도 사회적 관계망은 결코 단순하지 않다. 크게 두 가지로 나뉘는데, 조직이 추구하는 목적에 부합하는 사람, 부합하지 않는 사람이다.

조직사회에서 인간관계는 매우 복잡하게 얽힌다. 다른 사람들에 의해 나의 이미지가 정해지고 평판이 좌우되고, 내가 싫어하는 사람이 있듯이 나를 싫어하는 사람도 있다. 좁은 울타리로 둘러싸인 조직일수록 소문은 화살보다도 빠르게 퍼진다. 내가 나쁜 뜻으로 말하지 않았거나 행동하지 않은 부분에 대해서도 평판이 갈리는 경우가 부지기수다. 나 또한 그랬다.

조직 내에서의 평판에 따른 스트레스로 힘든 시기를 보낼 때, 책을 읽으면서 마음의 상처가 치유되는 것을 느꼈다.

데일 카네기는 『자기관리론』에서 이렇게 말한다.

'내가 몰락한 것은 바로나 자신 때문이다. 나는 나의 가장 큰 적이자 내 비참한 운명의 원인이다.'

결국 내가 어떻게 생각하느냐에 달렸다.

내가 가장 힘든 상황에 놓인 사람인가?

아니었다.

책을 통해 나보다 훨씬 더 절망스러운 상황에 놓였음에도 어떻게든 일어서서 마침내 성공하는 모습을 접하다 보면 내가 그토록 아프게 생각했던 상처가 그리 크지만은 않은 것이었다는 걸 깨닫게 된다.

전한길 선생님은 "대나무는 자라나기 위해서 긴 시간 동안 뿌리를 땅에 박는 데 에너지를 사용한다. 하지만 대나무는 일단 땅에 뿌리를 내리게 되면 빠르게 자라는 성질을 가지고 있다."고 했다.

책은 읽는 건 '대나무가 뿌리를 내리는 시간'이라고 생각한다. 단단한 내면의 힘을 키울 수 있도록 해 주고, 흔들리지 않는 마음을 가질 수 있게 해 준다.

책을 많이 읽으며 수많은 간접 경험을 하고 지혜를 키워 온 사람은 흔들리지 않는다. 상황을 읽고, 스스로의 판단을 통해 어떤 문제가 닥쳐 와도 풀어나갈 수 있는 내면의 힘을 견지하고 있다. 저자와의 소통을 통해 경험을 쌓고 인류 역사가 계속되어 오는 동안 축적해 왔던 지혜를 맛볼 수 있었기 때문이다. 그래서 어떤 문제에 직면하더라도 어느 정도는 문제에 대비해 대처할 수 있고, 좀 더 폭넓어진 사고를 통해 다양한 방면으로 해결해 나갈 수 있게 된다. 나 역시도 책을 읽지 않았을 때와 책을 읽고 있는 지금은 문제에 대처하는 면에서 완전히 다른 사람이 되었다.

넓어지는 시야

좁은 시야만 가지고 작은 세계 속에서 안주하며 살아왔던 내가 이제는 세상을 보는 눈이 넓어졌다. 창의적인 생각들이 한결 크게 자랐고, 내가 생각한 방법과 연결해서 해결해 나가는 방법을 깨달았다.

예전에는 자격증만 있으면 뭐든지 될 수 있다고 생각했다. 그리고 군대에서만 딸 수 있는 자격증을 취득하면 다른 사람들보다 앞서갈 수 있을 거라는 착각에 빠져 살았다.

하지만 책을 읽기 시작하면서 조직 내에서만 필요한 사람은 대체될 수 있다는 걸 깨달았다.

부아 c는 『부의 통찰』에서 이렇게 말하고 있다.

'회사는 나를 자산 일부분으로 생각하는데, 내가 회사를 전부라고 생각하는 것 자체가 애초에 말이 되지 않는다. 내 명함에서 회사 이름을 지우면 초라한 내 이름만 남는다. 나는 회사 이름을 지우고도 남는 나만의 이름을 만들어야 한다고 생각했다.'

나는 나만의 무기가 필요했다. 나를 대체할 수 없을 정도의 능력이 필요하다는 것을 깨달았다. 그래서 책을 읽으면서 나만의 무기를 만들어야 한다고 다짐했다.

책을 꾸준하게 읽다 보니 누군가와 대화할 때도 많이 달라졌다. 처음에는 내가 가지고 있는 지식의 한계 내에서만 이야기를 나누었다. 이제는 누군가의 고민을 듣게 되면 책에서 보았던 문제를 풀어줄 만한 문장을 생각하게 되었다. 좁은 식견으로 보던 세계에서 벗어나 넓게 보기 시작하자 나에게 질문을 하거나 고민을 털어놓는 사람들이 많아지게 되었다.

시각적 리마인드를 활용해
책과 친해져라

내게는 성인이 될 때까지도 책을 읽어본 기억이 거의 없다. 중학생 시절 판타지 소설이나 무협지는 자주 읽었던 기억이 떠오르지만 그런 책들이 내게 도움이 되는 독서를 하고 있다는 느낌을 주지는 않았다. 다만 책 읽는 습관 정도는 만들어 줄 수 있을 것 같다. 무협지나 판타지 소설은 재미가 있기 때문에 독서 습관을 몸에 붙이는 데는 도움이 된다.

그런 내가 달라졌다. 마치 환골탈태라도 한 것처럼 지금의 나는 과거엔 펼쳐볼 생각조차 못한 책들에서 재미를 느낀다. 심지어 안중근 의사처럼 하루라도 책을 읽지 않으면 입 안에 가시가 돋을 정도로 책을 가까이 두고 산다.

어떻게 이런 변화가 일어났을까?

한때 나는 퇴근을 하면 게임을 하고, 맥주를 마시고, 영화를 보며 살았다. '힘들게 일하고 집에 왔으니 이제는 좀 쉬어야지.' 하는 보상심리가 작용했다.

그러던 어느 날 마음 한편에서 불안한 마음이 일었다.

'매일 이렇게 퇴근한 뒤 쉬고, 놀면서 살다 보면 내 인생은 어디로 흘러갈까? 제자리걸음이거나 오히려 퇴보하지 않을까?'

삶을 더 좋게, 행복하게 바꾸고 싶다는 마음이야 늘 있었다. 하지만 현실에 안주하고 있었을 뿐 나는 아무런 노력도 하지 않았다. 그러면서 '내 삶은 왜 항상 그대로인가?'와 같은 말도 안 되는 생각을 하기 시작했다.

당연했다. 내가 바뀌지 않았는데, 어떻게 나의 삶이 변하겠는가? 내가 원하는 방향으로 삶이 나아가지 않을 때 직업적인 부분에서도 성공하지 못했다. 그렇게 내 삶은 정지된 상태에서 나아가지 못하고 있었다. 배우고 성장하는, 변화하는 삶이 아닌 다람쥐가 쳇바퀴를 타고 달리는 것처럼 출근을 했고, 퇴근해서는 그냥 쉬는 삶이었다.

인생에서 삶을 멈추게 하는 위기, 문제들과 정면으로 부닥치게 되는 상황이 반드시 불행한 일만은 아니다. 오히려 나를 막아선 거대한 이 장벽이 생존을 위한 일생일대의 진지한 질문을 내게 던졌다. 그 질문은 바로 이것이었다.

지금까지 내가 해오던 것들을 바꾸지 않고 내가 바라는 인생을 바꿀 방법이 있는가?"

나는 당장 그날부터 내게 익숙했던 모든 것들을 단번에 버리기로 다짐했다. 내 인생에 변화를 일으킨 첫 책을 만난 뒤로 많은 것을 깨닫게 되면서 더 많은 책을 읽고 싶어졌고, 그래서 하루에 한 권 읽기를 목표로 잡았다. 어쩌면 무모한 생각일 수도 있었다. 그럼에도 나는 현재의 삶에 변화를 주고 싶었다.

책장을 넘기며 책을 읽는 게 좋아서 종이책을 고집했다. 하지만 하루에 한 권을 읽기 위해서는 늘 종이책을 들고 다녀야 한다는 게 불편했다. 그래서 선택한 게 전자책이다.

사실 전자책을 좋아하지는 않았다. 책을 읽으려고 핸드폰에 손이 가면 나도 모르게 유튜브, 웹툰을 클릭해서 보고 있는 나를 발견하곤 했다. 핸드폰으로 책을 보려고 하니 나도 모르게 다른 앱을 실행하곤 하는 식으로 위기가 찾아왔다. 단번에 지금까지 해왔던 습관을 모두 끊어내고 새로운 생활 패턴을 만들기로 했지만 실제의 행동은 아직 완전히 변화되지 않았다. 그래서 핸드폰을 사용하는 동안에는 다른 앱을 절대로 실행하지 않기로 결심했다.

무언가 눈에 보이게 되면 그것에 대해 생각하게 되는데, 이를 '시각적 리마인드'라고 한다. 그래서 내가 한 일은 책상에는 항상 읽어야 할 책을 눈에 잘 띄도록 놓아두는 거였다. 그러자 평소 아무 생각 없이 출근하다가 책상에 놓여 있는 책을 보면 책을 읽어야겠다는 생각이 들었고, 책을 읽는 습관을 몸에 붙이는 데 도움이 되었다.

하루에 책을 한 권씩 읽자고 결심한 이후로 나는 어떻게 변하게 되었을까? 어떻게 시간을 사용하게 되었을까?

무엇보다도 독서 시간이 필요했다. 우선 퇴근 후 주어지는 여가시간에 책을 읽기 시작했다. 주말에는 서점에 가거나 도서관에 갔다.

환경 설정이 중요하다는 것을, 책을 통해서 깨달았다. 집에 있으면 쉴 수 있는 환경이 잘 구비돼 있어 책을 읽는 게 쉽지 않았다. 환경을 바꾸기로 했다. 책 읽는 장소를 정하고 그곳에서는 책만 읽는 거다. 주말이면 일찍 일어나 집 근처 스터디카페로 향했다.

금요일이면 퇴근 후 서점으로 가서 주말 동안 읽을 책을 2권씩 샀다. 평일에는 전자책을 읽고, 주말에는 종이책으로 독서를 했다. 일단 돈을 주고 산 책이라서 읽지 않는다면 큰 손해를 보도록 강제한 것이다. 만약 주말에 읽을 책을 건너 뛰게 되면 읽어야 할 책들이 쌓이게 되고 그만큼 부담이 생긴다. 책을 읽을 수밖에 없는 환경을 만든 것이다.

독서에 부담을 느끼는 이유는 시간이 오래 걸린다는 것도 있다. 책을 읽는 속도는 전부 다르겠지만, 평균적으로 3~4시간은 필요하고 집중력에도 문제가 생긴다. 독서를 시작한 지 얼마 되지 않았을 무렵에는 조금만 읽어도 금방 졸음이 몰려왔다. 한 달 정도는 피곤함과의 싸움이었다. 그래도 한 권씩 꾸준히 읽어 나갔다.

처음에는 책을 한 권 읽는 데 4시간이 걸렸다. 하루의 1/6을 차지하는 꽤 긴 시간을 독서에 할애했다. 그렇게 계속해서 읽다 보니 속도가 빨라지기 시작했고, 이제는 2시간이면 한 권을 읽는다.

읽는 방법도 깨닫게 되었다. 문장별로 읽던 방법에서 문단별로 읽으면서 내게 중요한 메시지를 찾는 방법을 깨닫게 된 것이다.

하루에서 2시간은 충분히 만들어 낼 수 있는 시간이다. 한 시간 일찍 출근을 하고, 퇴근을 한 뒤 한 시간만 책을 보면 된다. 책을 읽는 속도가 빨라져 시간이 줄어들게 되자 한결 편해졌고, 책을 읽는 데 따른 부담감도 사라졌다.

평소 잠들기 전이면 침대에 누워 웹툰과 유튜브를 보는 습관이 있었는데, 시간을 따져 보니 무려 한두 시간은 낭비를 해온 셈이었다. '이 시간 동안 책을 읽으면 한 달에 몇 권은 족히 읽을 텐데.' 라는 생각이 들자, 유튜브와 웹툰을 끊고 그 시간에 책을 읽기 시작했다.

하루에 한 권씩 꾸준히 독서를 이어가는 동안 나도 모르게 사고방식에 변화가 일어나고 문해력이 비약적으로 상승했다. 전에는 읽으면서 어렵게 느껴졌던 책도 나중에 다시 보니 이해가 가기 시작했다. 어떤 글을 읽어도 해석하기 쉬워졌고, 나에게 필요한 책이 무엇인지 바로 깨닫게 되었다. 행동력에 관한 책이 그런 책들이었다.

나는 행동을 일으키기까지 시간이 오래 걸렸고, 변화를 싫어했다. 결정을 내리고 행동으로 옮기기까지 지나칠 정도로 고민하고 좌고우면 하느라 행동으로 옮기지 못했다. 하지만 자기계발에 관한 책들을 읽으면서 결심한 바를 행동으로 옮기는 데 고민하지 않게 되었다.

책을 고르는 방법도 알게 되었다. 선택을 미루고, 해야 할 일을 미루는 나에게 필요한 책은 두려움을 없애 주고 무엇이든 시작할 수 있게 해 주는 책이었다.

책을 고르는 눈이 밝아지고, 읽는 시간이 단축되면서 독서는 나에게 새로운 취미 활동으로 변했다.

성인이 되기까지 책과는 백 리 천 리 떨어져 있던 내가 어느새 책에 재미를 붙이게 되었다. 삶에 적용하고픈 문장을 찾아내는 재미, 힘들 때 마음에 영양제처럼 다가오는 문장을 읽는 재미, 생소한 분야를 알아 가는 재미.

누가 읽으라고 시키지도 않았는데, 책에 흠뻑 빠져들었다. 물론 단번에 재미를 붙이기는 어렵기에 처음에는 일정 시간은 앉아서 책을 읽는 습관을 들이는 것부터 출발했다. 하루 삼십 분, 한 시간을 집중해서 읽다 보면 책 속에 길이 펼쳐졌고, 조금씩 빨려 들어가기 시작했다. 지루함과 고통을 견디면 책을 읽는 데 어떤 재미가 있는지 알게 된다.

어떤 날은 남은 책의 분량이 아쉬워서 일부러 천천히 읽은 적도 많았다. 한 권을 다 읽는 게 아쉽다는 생각까지 하게 되었고, 평소 생활습관도 바뀌었다. 책을 읽기 위해서는 나만의 공간과 시간이 필요하다 보니 그에 맞추게 된 것이다. 즉 아침 6시에 일어나 1시간 동안 책을 읽고, 주말에는 스터디카페로 가서 책을 읽었다. 출근할 때는 항상 읽을 책을 챙겼고 잠자리에 들기 전에도 유투브를 보는 대신 책을 읽었다. 내가 쓰는 공간과 시간이 변하게 되니 자연스럽게 생활 방식이 바뀌게 된 것이다.

읽은 책들이 쌓여갈 때마다 과거의 나와는 다르게 생각하고 사고하는 나를 발견하게 되었다. 좀 더 창의적인 생각을 하는 시간들이 많아졌고, 나의 삶을 어떻게 하면 변화(물론 긍정적인 방향으로)시킬 수 있을지 알게 되었다. 시간의 사용법부터 미래를 위해 무엇을 준비해야 하는지도 알게 되었다.

'잘살고 싶다. 행복하게 살고 싶다.'면 먼저 해야 할 것은 나의 사고방식을 바꾸는 것이었다. 책을 읽지 않았다면 가지고 있는 것들에 감사할 줄도 모르고 항상 세상을 탓하면서 살았을 거다.

미래를 준비하기 위해서는 현재를 충실하게 살아가면 된다. 현재에 충실한 것이 곧 미래를 준비하는 것이란 걸 깨달았다. '책을 읽으면 성공할 수 있을까?' 라는 의구심이 들곤 했지만, 이제는 알게 되었다. 꾸준히 책을 통해 저자와 대화하고, 책을 통해 얻은 깨달음을 바로 행동으로 옮기며 실천하기만 하면 삶은 변하게 된다는 것을.

내게 맞는 책을 고르는 법

세상에는 수많은 책이 있고, 매일 새로운 책들이 쏟아져 나온다. 하루에 한 권을 읽기로 했으니 책을 고르는 것만 해도 힘들었다.

'어떤 책을 읽어야 할까? 어떤 책이 나에게 도움을 줄 수 있는 책일까?'를 고민했지만 답을 찾는 건 쉽지 않았다. 다른 사람들이 좋다고 추천하는 책을 읽으면 되지 않을까 하는 생각이 들었고, 그들이 추천하니 내게도 좋은 책인 줄로만 알았다.

하지만 아니었다. 그들이 추천한 책을 몇 권 읽어 봤지만 크게 와 닿지 않는 책들도 더러 있었다. 그 이후로 다른 사람들이 추천하는 책은 잘 읽지 않는다.

다른 사람이 추천하는 책은 그에게 맞는 책, 그가 감동을 받고, 영감을 받은 책이다. 그와 나는 다른 인생, 다른 경험, 다른 길을 걸어왔다. 아무리 좋은 책이라 할지라도 나에게 아무런 영향도 줄 수 없는 책이라면 무의미하다. 내가 이해하고 공감하고 나를 바꿀 힘을 가지고 있는 책이 내게는 좋은 책이다. 아무리 베스트셀러로 회자된다고 할지라도 내 삶을 바꾸는 데 영감을 주지 못한다면 내겐 그저 글자가 인쇄된 종이뭉치에 불과하다. 즉 내게 좋은 책은 내가 놓여 있는 상황을 제대로 이해하고 내가 가진 문제에 대한 해결책을 제시해 주는 책이어야 했다.

책을 고르기 전에 내가 가지고 있는 가장 큰 문제, 먼저 해결하고 풀어야 하는 문제부터 알아야 한다. 이런 고민이 선행된 끝에 얻게 되는 책 한 권의 힘은 강력하다. 이렇게 해서 알게 된 책을 읽고 나면 나는 그 책 저자의 팬이 될 수밖에 없다. 그리고 그 책이 도움이 되었다면 일단 저자가 쓴 다른 책들을 골라 읽어 보는 걸 추천한다. 그렇게 그 저자의 책들을 어느 정도 섭렵하고 나면 그 저자가 가지고 있는 세계관을 이해할 수 있게 되고, 그 세계관을 통해 나를 변화시킬 단초를 얻게 된다.

거기서 좀 더 나아간다면 저자가 추천하는 책도 읽어 보면 좋다. 그 저자가 바라보는 세계관이 나에게 좋은 영향을 미친 것처럼 저자가 추천한 책들은 아마도 저자에게 영향을 끼쳤을 것이고, 그가 추천하는 책의 저자들 역시 나에게 도움이 될 확률이 매우 높다.

이렇게 내게 큰 영향을 끼친 저자를 따라가며 내가 읽는 책의 카테고리를 채워가다 보면 나름의 세계관이 형성된다. 내가 동질감을 느끼고 멘토로 생각하는 저자가 추천해 주는 책은 비슷한 성격을 가진 책이 많기 때문이다.

나는 자기계발 분야의 책들을 좋아했다. 가장 좋아하는 저자는 보도 섀퍼다. 보도 섀퍼의 책을 읽으면서 내가 살아왔던 삶을 돌아볼 수 있었다. 강력한 동기부여를 받았다. 특히, 보도 섀퍼가 쓴 『멘탈의 연금술』, 『이기는 습관』을 정말 감명 깊게 읽었는데, 그 책들이 나를 이렇게 바꾸어 주었다고 생각한다. 당연히 보도 섀퍼가 쓴 책은 전부 읽어 보았고, 그가 추천하는 책들도 읽었다.

내겐 책을 고르는 명확한 기준이 있다. 작가 자신의 경험이 녹아 있는 책이다. 상상도 못할 역경을 이겨내고 마침내 성취를 얻어내는 이야기를 보면서 작은 위기에도 좌절하고 움츠러들었던 자신이 부끄러웠고, 새삼 용기를 얻을 수 있었다.

'나보다 훨씬 힘든 상황에 놓였던 그도 이토록 큰 역경을 이겨내고 자신만의 삶을 일구어 냈는데, 나는 뭐가 그렇게 힘들다고 전전긍긍 하고만 있었을까?'

앞에서도 잠시 이야기했지만 자신을 성찰하는 계기를 만들어 주는 책을 좋아하는 것은 나로 하여금 적잖은 동기부여를 제공하기 때문이다. 이런 책들이 가진 공통점은 '읽기가 쉽다.' 라는 점. 대개 쉬운 단어와 간명한 문장으로 이해하기 쉽다.

읽어가는 동안 저자 자신의 경험을 통해 공감할 수 있었고, 무엇보다도 형식적인 틀에서 벗어나 마치 저자와 대화를 나누는 것처럼 느껴지는 것이 좋았다. 특히나 생각지도 못했던, 촌철살인과도 같은 문장을 읽을 때는 온몸에 소름이 돋았다.

예를 들어 보도 섀퍼가 쓴 『이기는 습관』에 나오는 다음과 같은 문장들이다.

"현재의 불안이 미래의 희망을 항상 이기기 때문이다."

　무엇보다도 자신이 처해 있는 문제를 해결하고 고민스러
운 상황에서 해결책을 제시하고 통찰을 주는 책을 고르는
것이 중요하다. 예를 들면, 나는 지금 이 책을 쓰기 위해서
글쓰기와 관련된 책들을 조금 더 많이 읽었다. 즉 내가 무엇
을 준비하는지에 따라 고르는 책이 달라질 수 있다.

　나는 현실적인 조언이 적혀 있는 책도 자주 읽는다. '너는
잘하고 있어'와 같은 관념적인 조언을 주는 책보다는 내가
가고자 하는 목적지에 대한 로드맵을 제시해 주는 책을 선
호하는 편이다. 현실에 안주하는 대신 더 나은 내가 되도록
열정에 불을 지펴 주는 책, 예를 들자면 세이노의 가르침 같
은 책이다.

　그런 책을 읽으면서, 사업에 실패했거나 많은 빚을 졌지
만 자책하기보다 책을 많이 읽고 자신만의 능력과 가치를
상품화해서 성공한 사람들의 이야기를 많이 만났다. 그리고
내가 걷고 있는 삶과는 다르지만 그들의 삶을 반추해 보면
서 문제를 하나씩 해결해 나갈 수 있었다.

　반면 너무 무거운 책은 피했다. 고전도 손대지 않았다. 고

전이 좋지 않은 책이어서가 아니다. 고전이라고 불리는 책들은 사실, 반드시 읽어야 할 인류 보편적인 지혜를 담고 있는 책들이다. 하지만 내가 원하는 것은 내가 읽고 현실적으로 곧바로 적용할 수 있는 지혜를 담고 있는 책들이었다.

책 말미에는 저자가 참고한 책의 목록이 적혀 있는 경우가 많은데, 참고문헌은 저자가 글을 쓰는 데 영향을 끼친 책들이므로 책을 고를 때 추천한다. 그 책들은 지금 내가 읽은 책과 연관된 주제를 다루고 있을 가능성이 크며, 이는 관련 분야에 대한 지식을 넓히거나 작가의 세계관을 깊게 이해하는 데 도움이 되기 때문이다. 책을 읽고 좋았다는 생각이 들게 되면 뒤에 어떤 책을 참고했는지 확인한다.

서점에는 베스트셀러만 따로 모아 놓은 매대가 있다. 베스트셀러들을 둘러 보면 유명한 유튜버가 낸 책도 있고, 파워블로거가 쓴 책도 있다. 유명하다는 것은 그래도 사람들의 관심을 끌었다든가 공감을 많이 받았다는 뜻이므로 일단 관심을 가지고 검토한다.

나는 생각의 틀을 깨 주고 감명 깊게 봤던 유투브 영상을 보면 그 유튜버의 이름도 외워놓는데, 그런 유투버가 쓴 책은 선택에 있어 우선순위에 있다. 영상을 통해 저자의 철학을 듣다 보면 내 생각과 일치하는 부분을 발견하게 되었으니까.

'오, 나도 그렇게 생각하는데! 이건 내 관심 분야인데, 더 알고 싶다.'

내가 알지 못했던 지식을 알려 주는 책, 나의 도전 정신을 이끌어 주는 책, 흡입력이 강한 책의 저자들은 시간이 지나면서 다른 책을 출간할 때도 많았다. 그럼, 기억해 놓았다가 출간이 되면 미리 선택해 놓는다. 서점에 가서 고르는 게 아니라 미리 선택하고 책을 고른다.

자기계발 분야 다음으로는 인문학 서적도 가끔 읽었다. 예전 철학자들의 사고를 재해석해서 풀어쓴 책들이다. 과거에는 인정받지 못했던 철학자들이 시대가 변하면서 새롭게 인정받는 이들이 많은데, 이런 책의 경우 그들의 철학적 사고가 현실 세계와 어떻게 조화를 이루게 되었는지를 보면서 현재 세계의 흐름을 통찰해볼 수 있는 기회가 된다. 대표적인 철학자가 쇼펜하우어라고 생각한다.

자신이 좋아하는 책을 찾기 위해서는 다양한 책을 읽어 볼 필요가 있다. 그러다 보면 '아, 내가 이런 책을 좋아하는 구나.' 하며 좋아하는 분야나 관심사를 다룬 책을 찾아가게 된다.

나는 책을 고르고 나서 일단 목차를 한번 쭉 읽어 본다. 어떤 성격인지, 무슨 내용인지 미리 파악하면, 읽기가 수월하다. 우리가 영화를 보기 전에 예고편을 보는 느낌이다.

제목만 믿고 골랐는데, 내용이 다른 책도 많았다. 그래서 프롤로그와 저자 소개, 차례, 추천서 목록은 꼭 읽어 보기를 권한다. 프롤로그는 책의 전반적인 내용을 소개하고 있어서 작가가 전하고자 하는 메시지를 파악할 수 있고, 목차를 읽어 보면 책의 구성과 내용을 파악할 수 있다.

나는 블로거들이 남긴 서평도 자주 보는 편이다. 서평을 읽어 보면 책의 정보를 얻을 수 있을 뿐 아니라 어떤 내용을 전하고자 하는지 알 수 있기 때문이다. 추천하는 책이 아닌 서평만 남겨 주는 블로거들도 있다. 그런 분들은 미리 알람 설정을 해놓는다.

나와 성향이 맞는 블로거들도 계시는데, 자기계발에 관한

다른 책을 읽고 싶을 때는 그분의 서평을 한번 보고 결정한다. 서평에는 책의 내용이 어느 정도 들어가 있는 경우가 많다. 물론 순수하게 책에 대한 자신의 생각만 적는 분도 계시기는 하다.

그렇게 미리 사전에 검색을 통해 책에 대한 서평을 읽어보는 이유는 제목만 보고 구입했다가 내가 생각했던 책과 거리가 있었던 예도 있기 때문이다.

책을 고르는 기준은 사람마다 다르다. 따뜻한 느낌을 주는 글을 좋아하는 사람도 있고, 실용적이고 현실적인 조언을 원하는 사람도 있다.

책에 대한 나의 관점은 명확하다. 주로 자기계발서를 읽는다. 현실 속에서 책이 전하는 지혜를 통해 내 삶을 바꾸고 싶기 때문이다. 감동적이고 재밌는 소설이나 경제 관련서에 관심을 두고 있는 사람들도 많지만 그 책이 내 삶을 바꾸는 데 큰 영향을 끼칠 것 같지 않았다.

반면 자기계발서에는 어려움을 극복하고 삶을 개선한 실제 사례들이 많아 내 삶에 적용할 부분들이 많았다. 그런 이야기를 통해 나의 내면의 변화를 주고 행동으로 옮기는 방법을 배우고 싶었다. 다음에 경제 서적이나 소설 등 문학류의 책들도 읽게 되겠지만 지금은 코 앞에 직면해 있는 나의 문제를 먼저 풀어 보고 싶었다.

이제 나는 다른 사람들이 추천해 주는 책보다 내게 필요한 책을 스스로 찾아 읽게 되었다. 내 삶의 문제는 나만이 알고 있기에, 어떤 책이 내가 가진 문제를 해결하는 데 도움이 될 수 있는지도 나만이 알 수 있기 때문이다.

자신의 삶을 돌아보고 내게 필요한 책을 찾아 읽어 보자. 그 한 권의 책 속에서 자신의 인생에서 시급하게 풀어야 할 문제의 해결 실마리를 찾는 순간, 책 속에 길이 있다는 말을 실감하게 될 것이다.

책 읽는 시간을 확보하라

시간은 재생 불가능한 유한한 자원이다. 그래서 무엇보다 소중하다. 누구도 두 번 다시 같은 시간을 보낼 수는 없다.

책을 거의 읽지 않거나 자신의 발전에 마음을 쓰지 않는 사람들이 항상 하는 말이 있다. 책을 읽는 게 좋다는 건 알지만 읽을 시간이 없다는 말이다. 정말일까? 정말 시간이 없어서 하지 못하는 걸까?

시간은 누구에게나 공평하게 주어진다. 가장 평등하게 주어지는 게 시간이다. 유명한 셀럽이거나 거대한 성공을 이룬 사람도 똑같이 하루 24시간을 받았다. 세종대왕, 아인슈타인, 에디슨과 같은 사람들이 위대한 업적을 남길 수 있었던 것도 한정된 시간 자원을 유용한 곳에 썼기 때문이었다.

돌이켜 보면, 나는 퇴근을 한 뒤에는 소위 쉬고 놀면서 시간을 보냈다. 시간을 유용한 곳에 쓰지 않았다. 시간의 중요성에 대해 알지 못했다. 그렇게 흘려보낸 시간들이 너무 많았고, 그만큼 나는 정체되어 있을 수밖에 없었다.

책을 읽기 위해서는 시간이 필요하다.

"변명 중에서도 가장 어리석고 못난 변명은 '시간이 없어서.' 라는 변명이다."

에디슨의 말이다. 나도 살면서 가장 많이 했던 변명이다. 시간이 없다, 바쁘다. 지금 생각해 보면 항상 입에 달고 살았던 핑계였다.

시간에 대해 다시 생각하면서 시간이 없다는 것은 중요하지 않게 됐다. 시간이 없으면 시간을 만들어야 한다. 하루 24시간에서 시간을 늘릴 수는 없지만 중요한 일에 먼저 사용하고 유용한 곳에 사용하며 시간을 벌 수 있었다.

나의 하루 일과를 살펴 보면서 내게는 퇴근하고 나서 잠자리에 들기 전까지 5시간 정도의 시간이 주어진다는 것을 깨닫게 되었다.

'어떻게 활용해야 할까? 지금 내가 가지고 있는 한정된 자원인 5시간을 어디에 투자하는 게 맞는 것인가?'

고민 끝에 나를 발전시킬 수 있는 곳에 투자하기로 다짐했다. 또한 새벽 시간도 활용하기로 했다. 6시에 일어나서 출근하기 전에 책을 읽기로 한 것이다.

시간의 사용에 대해 정하고 나자 새벽에 일찍 일어나기 위해서는 늦지 않게 잠자리에 들어야 했다. 선순환이 반복되었다. 일찍 잠자리에 들고 일찍 일어나서 독서를 했다.

새벽 무렵은 머리가 맑아지는 시간이다. 퇴근한 뒤 책을 읽는 것보다 출근하기 전에 읽는 게 훨씬 도움이 많이 되었다. 책에만 집중할 수 있는 시간이었다.

새벽 시간은 인생이 감춰둔 비밀스러운 마법의 시간이라고 한다. 누구나 24시간을 동일하게 산다고 생각하지만 실제로는 새벽을 사는 사람과 그렇지 않은 사람으로 나뉜다고 한다.

어째서 새벽은 특별한 걸까? 밤의 끝과 아침의 시작이 맞물리는 가장 영적인 시간이기 때문이다. 이때는 모든 육체

와 정신의 감각이 열리고 세상의 만물과 민감하게 소통이 가능한 시간이다. 술을 마시고 늦잠을 자는 사람, 영화를 보고 늦잠을 자는 사람, 게으른 사람의 인생에는 새벽이 없다. 따라서 이들은 창의적이고 영감이 넘치는 어떤 일을 기획하거나 계획하는 힘이 약할 수밖에 없다. 나는 새벽녘의 2시간을 읽고 쓰는 데 사용하면서 아주 짧은 기간 동안 인생의 변화를 경험하는 중이다.

군인이라는 직업 덕분에 얻을 수 있는 축복이 있다. 규칙적인 생활이다. 규칙적이라는 말은 정확한 시간에 정확히 해야 할 일을 배분해 놓았다는 얘기다. 규칙적으로 살아가는 습관은 시간을 조정하는 능력이 있음을 의미한다.

책을 읽기로 결심하고 가장 먼저 했던 것은 기존의 규칙 속에 책을 읽는 시간을 새롭게 편입시키는 일이었다. 군인은 계획하면 실행한다. 나는 새로운 규칙을 내 삶에 적용했고, 그날부터 흔들림 없이 실행해 나갔다.

금요일이면 나는 퇴근 후 서점으로 가서 주말 동안 읽을 책을 2권 산다. 미리 책을 사 놓으면 읽지 않을 수가 없다.

주말에는 내가 성장할 수 있는 시간이 많아진다.

대부분의 사람들은 평일에 열심히 일을 했으므로 그 보상심리로 주말에는 놀거나 쉬는 것을 선택한다. 나도 그랬었다. 주말에는 늦잠을 잘 수 있었고, 전날 늦게까지 게임을 하거나 영화를 볼 수 있기 때문이다. 하지만 새로운 규칙인 독서를 일과에 넣게 되면서 모든 계획을 처음부터 다시 세우기 시작했다.

예전 같으면 주말은 쉬는 시간으로 생각했지만, 이제는 아니다. 출근을 하지 않아도 되므로 나에게 온전한 하루를 선물해 줄 수 있다. 나는 주말 시간을 예전과 다르게 활용하기 시작했다. 8시 전에는 일어나서 책을 읽을 준비를 하고 분위기 좋은 카페나 스터디카페를 자주 간다. 책 읽기 좋은 환경으로 내가 찾아가는 거다. 집에서는 집중이 잘 되지 않았으니까. 쉽고 편한 것들이 눈에 보이면 나도 모르게 독서에 집중하지 못했기 때문이다.

책 읽기에 일정한 시간을 정해 고정했다. 아침 6시부터 8시, 점심 먹고 전자책 보기, 퇴근하고 나서 1시간 동안 독서를 하는 것이다. 루틴을 정해 놓으니 시간이 되면 자연스럽게 독서를 했다. 머릿속에서 그 시간이 되면 '책을 읽어야지.' 하는 생각이 자동으로 나왔다.

이동 시간은 전부 전자책 읽는 시간으로 활용했다. 훈련을 하러 가기 위해 차를 타고 이동하는 시간도 나에게는 책을 읽을 수 있는 시간이 되어 주었다. 일이 있어 서울에 갈 때는 항상 대중교통을 이용했고, 그 시간도 책을 읽는 데 활용했다. 버스, 지하철을 타고 이동하는 시간에도 전자책으로 독서를 했다. 낭비되는 시간이 없게 하고 싶었다.

책을 읽기 시작하면서 시간이 얼마나 소중한 것인지 깨닫게 되었고, 얼마나 많은 시간을 그냥 흘러가게 두었는지도 알게 되었다. 시간이 없어 독서를 하지 못하는 게 아니었다. 시간을 다른 곳에 사용하고 있었을 뿐이었다. 조금이라도 빨리 독서의 중요성을 알았더라면 그동안 그냥 흘려보냈던 모든 시간을 독서에 활용했을 거다.

이제라도 깨우치게 되어 시간을 효율적으로 분배한다. 이동하고 잠시 기다리는 모든 시간을 독서에 활용한다. 그만큼 내가 성장한다는 느낌이 들었다.

책을 통해 새로운 지식과 지혜를 얻어가기 시작하면서 한 가지 다짐했다.

'시간이 없다는 핑계는 대지 말자. 오늘 해야 할 일을 하자. 하루하루 바쁘게 살아가야 한다.'

출근길에는 오디오북을 들었다. 출근하는 시간도 나에게는 책을 읽을 수 있는 소중한 시간이었다. 방법을 몰라서 안 하는 게 아니었다.

'어떻게 하면 책을 더 읽을 수 있을까?'

항상 고민해서 찾게 된 것이 오디오북이었다. 출근길 퇴근길의 시간도 모이게 되면 많은 시간이 된다. 짧다고 생각하지만 일주일, 한 달을 생각하면 책 한 권은 읽을 수 있는 시간이 된다. 점심시간에는 휴식 시간을 최대한 활용해 책을 읽었다. 남들과 같이 쉬고 놀면서 성장을 바라서는 안 된다고 생각했다.

체력을 유지하기 위해 헬스장을 자주 갔는데, 헬스장에서 운동을 하면서도 책을 읽을 방법이 있지 않을까? 궁리를 하다가 유산소 운동을 러닝머신에서 사이클로 바꾸었다. 핸드폰으로 책을 볼 수 있는 방법을 고민하다가 '근력운동을 하고 난 뒤 유산소 운동을 위해 사이클을 타면 책을 읽을 수

있지 않을까?' 라는 생각이 들었던 것이다. 유산소 운동을
1시간 하면서 그 시간 동안 책을 읽는다. 의외로 지루하지
않게 책을 읽으며 운동을 할 수 있으니 일석이조였다.

목표를 생각하면 자연스럽게 그 목표를 향해 접근할 방
법이 생각난다. 머릿속에 독서를 늘 염두에 두고 어떤 시간
에 읽을 수 있을지 고민하니 답이 찾아졌다.

생각보다 활용 가능한 시간이 많았다. 독서를 목표로 잡
으니 많은 부분에서 시간이 그냥 낭비되고 있다는 것을 깨
달았고 어떻게 하면 '그 시간에 독서를 할 수 있을까?' 고민
을 자주 했다. 책을 읽을 시간이 없다는 것은 이제 내게 핑
계로밖에 들리지 않는다. 모든 시간을 독서에 활용할 수 있
다는 것을 알게 되었기 때문이다.

우리는 살아가는 동안 시급한 일들과 자주 마주하게 된
다. 시급하다는 것은 급하게 처리해야 할 일이다. 왜 시급한
일이 생기게 되었을까? 미루고 미루다가 발생하지 않았을
까? 미리 해야 했는데, 미뤄 온 결과라고 생각한다. 그래서
당장 처리하지 않으면 큰일이 나는 시급한 일로 변하게 된
것이다.

독서는 시간이 남아 돌아서 하는 행위가 아니다. 시간을 내서 하는 거다. 시간을 내기 위해서는 내가 시간을 어디에 쓰고 있는지 스스로 알고 있어야 한다. 바빠서 책을 읽을 시간을 내지 못하는지, 내가 원하는 곳에 시간을 쓰고 있는지 확인하는 순간, 자기 합리화에서 벗어나 시간을 가치 있는 일에 효율적으로 활용할 수 있다.

내게 맞는 독서 난이도를 찾아라

처음 책 읽는 습관을 들일 때, 어떤 책을 읽어야 할지 제대로 고르는 방법을 알지 못해 다른 사람들이 추천한다는 명목으로 내가 소화하기 어려운 책을 본 경우가 많았다. 당연히 전혀 이해할 수가 없었고 재미가 있을 턱이 없었다.

아직은 내가 읽을 수 없는 책이라고 판단하고 그런 책은 손을 놓았다. 내가 소화해 낼 수 있는 독서 능력을 알지 못하면 책의 내용은 이해하지 못하고 그냥 글자만 읽게 된다. 다양한 책을 읽으면서 나의 독서 능력에 대해 정확하게 알아야 어떤 책이 내가 이해할 수 있는 정도의 수준인지 알 수 있다.

내게 맞는 책을 찾기 위해서는 읽기 쉬운 책부터 읽는 선택하는 게 좋다. 나는 자기계발과 에세이 책들부터 시작했다. 읽기가 쉽고, 잘 이해하면서 공감할 수 있었기 때문이다. 즉 자기계발 분야든 소설이든 일단은 내가 관심이 가는 분야의 책을 먼저 읽어 봐야 한다.

운동을 할 때를 생각해 보자. 시작부터 고강도로 운동을 하면 온몸의 통증으로 고통을 받게 되고, 다음 날 운동을 하기가 싫어진다. 내 몸에 맞는 운동을 해야 하고 무게를 맞춰야 한다. 그래야 조금씩 근육이 성장하는 것처럼 새로운 것을 내 것으로 만들기 위해서는 가장 낮은 단계부터 시작하는 게 좋다.

책을 바로 손에 잡기 힘들다면 잡지나 인터넷 뉴스를 읽어 보는 것도 좋다. 일단은 읽는 연습을 하는 거다. 요즘은 정보화 시대, 인터넷이 발전하면서 책을 읽을 방법도 많아졌는데, 종이책보다는 전자책이 접근하기 쉽다. 먼저 읽은 사람들이 후기를 남겨 주기 때문에 어떤 내용을 담고 있는지 미리 확인할 수 있는 점도 유용하다.

최근에 나오는 책들은 크기도 작아지고 분량도 얇아지는 추세다. 아마도 무거운 책은 들고 다니기에 불편하므로 백

이나 가방에 쉽게 넣어 다닐 수 있도록 하기 위해서인 듯한데, 그만큼 책을 읽는 데 따른 부담도 적어진 것 같다. 책을 많이 읽지 않는 시대가 되고, 평균적인 문해력이 많이 낮아져서인지 무거운 문체와 엄숙하고 진지한 주제를 다룬 책들은 독자들로부터 외면을 당하는 경우가 많은 것 같다. 그래서인지 요즘에 나오는 책들을 보면 쉽고 간명한 문장과 무겁지 않은 내용을 다루는 책들이 많다.

쉽게 읽을 수 있는 책은 독서에 대한 긍정적인 생각을 갖도록 해 준다. 한 권을 다 읽게 되면 스스로 뿌듯함을 느끼면서 책에 대한 관심을 이어가게 되고 또한 자연스럽게 문해력도 향상되게 된다. 그러면서 조금씩 깊이 있는 주제를 다룬 책을 읽게 되더라도 쉽게 이해할 수 있게 되고 재미 또한 느끼게 될 것이다.

독서를 습관으로 몸에 붙이기 위해서는 무엇보다 책을 읽는 동안 기분 좋은 감정이 들어야 한다. 처음부터 이해하기 어려운 책을 고르다 보면 책읽기가 지루해지고 재미가 없어서 '역시 독서는 나와 맞지 않는다.' 라는 부정적인 편견을 심어 줄 수 있다. 내가 다른 사람으로부터 추천받은 책을 잘 읽지 않는 이유이기도 하다.

책읽기는 재미가 있어야 하고 편해야 한다. 어떤 책을 골라야 할지 그 방법을 몰랐을 때는 나도 책을 추천 받아서 읽었지만 내가 좋아하는 책에 대해서 잘 알게 된 이후로는 책을 고르는 게 수월해졌다.

자신의 지적 수준을 아는 건 자신뿐이다. 그러니 자신이 소화할 수 있는 책들에 대해 가장 잘 알고 있는 사람도 자신이다.

내가 생각하기에 가장 쉽게 접근하고 저자와 공감할 수 있는 책은 에세이라고 생각한다. 에세이는 대개 저자 자신을 중심으로 이야기를 풀어가고 전문 용어들도 없으니 읽기가 쉽다. 일기와도 같은 느낌이 든다. 책을 읽기 시작한 지 얼마 되지 않는 사람이라면 에세이, 자기계발 관련서로 출발하는 것을 추천한다. 본인의 성향에 따라서 소설이나 문학 작품이 될 수도 있을 것이다.

다음으로는 대중적으로 많이 알려진 책을 먼저 읽어 보는 것도 좋을 것이다. 세상에 널리 알려져 유명하다는 건 독자들에게 쉽게 다가갈 수 있다는 걸 의미한다.

처음부터 어려운 책을 읽을 필요는 없다. 글자를 읽는 것과 글을 쓴 저자의 의도를 읽는 건 전혀 다른 문제다. 따라서 가볍게 쓴 책들을 읽으면서 문해력을 키우고 그후에 조금 더 깊이 있는 주제를 다룬 책을 읽는 게 좋을 것 같다.

어떤 책을 읽었느냐가 중요하지는 않다. 책 한 권을 완독하면서 독서에 대한 자신감을 얻는 게 중요하다. 내가 두께가 얇은 책을 좋아한 이유이기도 했다. 어쨌든 한 권을 다 읽었다는 만족감을 누릴 수 있기 때문이었다. 그리고 그렇게 읽은 책들이 쌓이게 되면 읽고 싶은 책들이 많아진다.

책을 많이 읽다 보면 자신이 좋아하는 책들을 고를 수 있는 안목이 생긴다. 제목을 보고 혹해서 책을 샀다가 도무지 이해할 수가 없어서 던져버린 책도 있었다. 내가 잘 모르는 해당 분야의 전문 용어로 범벅이 된 책들을 보자면 그저 시간 낭비일 뿐이었다. 내가 소화할 수 있는 수준에 있는 책이 아닌 것이다. 그래서 누군가 책을 소개해 달라고 하면 머뭇거리게 된다. 가까운 지인이 내게 읽을 만한 책을 추천해 달라고 했을 때도 나는 선뜻 책을 추천할 수 없었다. 독서 습관이 잡혀 있지도 않은 그 친구는 폼나는, 그러니까 이런 책도 읽었다는 이야기 거리가 되는 책을 원했던 것 같다. 그러니 그런 책을 추천한들 그가 읽을까? 아니다. 오히려 책에 대한 관심을 바닥으로 떨어트릴 가능성이 크다.

나는 네가 알고 싶고 궁금한 문제를 다룬 책들을 알아보라고 권했다. 그 책에 어떤 내용이 담겨 있는지, 읽고 나서 내게 어떤 도움이 될 수 있는지 확인하라고 했다.

왜 우리는 마트에 가서 우유 하나를 고를 때도 이것저것 꼼꼼하게 확인하면서 우리 삶을 결정지을 수도 있는 책에서는 그렇지 않은가.

책은 나침판과 같다. 사막에서는 무엇보다 중요하지만 도시에 사는 이들에겐 관심 밖인 것. 나는 사막에 있었고, 책이 그 길을 열어 주었다.

내가 가볍게 읽을 수 있는 책을 추천하는 이유는 단순하다. 읽는 연습을 하기 위해서다. 읽는 것도 연습이 필요하다. 기고 걷고 뛰는 것처럼 글을 읽고 이해하는 연습 그리고 문장을 볼 수 있는 안목을 먼저 길러야 한다.

세상 모든 것에는 단계가 있다. 그리고 가장 어려운 것은 첫 계단이다. 첫 계단을 오르는 것부터 어렵다고 생각하면 그 위의 계단으로 올라가는 건 꿈도 꿀 수 없다.

분명하게 말한다. 책을 읽는 걸 즐거운 놀이처럼 생각하는 사람은 거의 없다. 마치 할아버지의 잔소리처럼 느껴질 수도 있다. 하지만 분명한 것은 자신의 발전을 위해서는 '반드시'라고 할 정도로 독서가 중요하다는 점도 부인할 수 없다. 그래서 즐거운 놀이처럼 즐기면서 독서 습관을 몸에 붙이기 위한 방법을 각자의 방법으로 찾아보자는 것이다.

어쨌든 내가 말하고 싶은 건 꾸준한 독서 습관을 통해 문해력을 높이고 사고가 확장이 된 상태에서 좀 더 고도의 이슈를 다루는 책을 읽으라는 것이다.

소중한 시간을 사용해 책을 읽고도 얻는 것이 없다면 그건 무의미한 행위에 불과하다. 그래서 전문적인 분야를 제외한다면, 읽은 뒤에 곧바로 이해하고 공감하고 행동으로 옮기고 싶은 에너지를 주는 책들을 먼저 선택해서 읽어 보자.

내 삶을 바꾸고 싶다면, 그래서 책으로부터 그 답을 찾고자 한다면, 책이 지루하고 어렵고 구태의연한 매체가 아니라 시간과 공간을 뛰어넘어 내게 혜안을 제시하는 기회라는 생각을 해보자. 왜 워렌 버핏과 점심 한 끼를 먹는 데 수십 억 원을 지불하는지 생각해 보자.

책은 한 인간이 자신의 지식과 지혜 그리고 마음을 오로지 담은 그릇이다. 그 한 문장을 통해 깨우침을 얻고 내 삶에 적용까지 할 수 있다면, 그보다 의미 있는 가르침이 있을까?

작은 습관으로 백 권을 읽다 :
읽는 분량과 시간 정하기

습관을 몸에 붙이기까지는 대략 66일이 걸린다고 한다. 나 역시 독서를 습관처럼 만드는 데 많은 시간이 필요했다. 지금은 시간과 공간의 제약 없이 책을 읽을 수 있을 정도로 몸에 뱄지만 노력이 필요했다. 그리고 이젠 책을 읽는 게 게임을 하는 것처럼 즐거운 일상이 되었다. 좋아하는 책을 두세 번 씩 읽게 되는 건 물론이다.

책을 읽는 걸 의무인 것처럼 생각하지 말자. 그냥 아무 생각 없이 휴대폰을 보는 것처럼 자연스럽게 책을 읽는 습관을 몸에 붙이자. 책을 읽는 걸 반드시 해야 하는 일처럼 생각하면 자신도 모르게 부담을 느끼게 되고 책을 읽는 게 하나의 일처럼 생각하게 된다.

습관은 무의식적인 행동이다. 책을 읽는 것도 그런 습관처럼 몸에 배게 해야 한다. 그래서 훈련이 필요하다. 부담이 가고 실행하기가 어렵다면 동영상을 보는 대신 문자를 읽는 것부터 시작하자. 나는 블로그에 올라온 글이나 잡지, 신문을 읽는 것부터 시작했다. 그렇게 읽는 습관이 먼저 만들어지고 나자 책을 한 권씩 읽어가는 동안 부담이 줄었다.

읽고 싶은 책, 읽어야 할 책은 헤아릴 수 없다. 그동안 내가 읽은 책이라고 해봐야 바닷가 모래 한 알일 것이다. 그러니 앞으로 내가 읽을 수 있는 책들은 무한하고, 나는 그것이 행복하다.

나는 이제 습관처럼 책을 집어 들게 되었다. 습관이 몸에 붙은 습성이라면 책을 읽는다는 건 내게 두 번째 천성처럼 되었다. 마치 출근을 하기 위해 씻고, 옷을 입고, 신을 신는 것처럼 아무 생각 없이 하게 된다. 아침에 일어나면 샤워를 하는 것처럼 여유 시간이 생기면 어김없이 책을 집어 든다. 독서를 통해 무엇을 배워야 하겠다는 목적 의식보다는 그냥 읽었다.

매일 습관처럼 책을 읽으면서 많은 게 바뀌었다. 전에는 무언가를 설명할 때 두서없이 말을 뱉고는 했는데, 이제는 확연히 달라졌다. 내가 전달하고자 하는 메시지를 정확하게 표현할 수 있게 되었다. 아마도 책이라는 매체를 통한 소통 법이 일상의 대화에서도 영향을 끼치는 것 같다.

　습관을 만드는 것은 나였지만 이제는 습관이 나를 만들어 주고 있다. 책은 사람이 만들지만, 책이 사람을 만들어 주는 것처럼 말이다.

　독서를 습관으로 몸에 붙이기 위해 나는 몇 가지 방법을 사용했다. 먼저 하루에 읽어야 할 분량을 정하는 것이다. 즉 출근시간, 점심시간, 퇴근 후로 나누었고, 아침에 1시간 일찍 출근해서 책을 읽고, 점심시간에 30분, 퇴근한 후 1시간 반 정도를 책을 읽는 데 썼다.

　대부분의 책은 250~300페이지가 된다. 아침에 100페이지, 점심시간에 50페이지, 퇴근 후에는 150페이지를 읽었다. 책을 읽는 속도는 사람마다 다르다. 내가 1시간에 몇 페이지를 읽을 수 있는지 알아야 한다. 나는 정확하게 1시간에 90페이지 정도를 읽었다. 처음에는 속도가 느렸지만 읽는 방법을 알게 되면서 점점 빨라졌다.

두 번째 방법은 시간을 정해서 읽기였다. 분량을 정해 놓고 읽어 보면 내가 한 시간 동안 어느 정도를 읽어낼 수 있는지 예상할 수 있다. 읽을 수 있는 시간을 내야 한다.

세 번째 방법은 독서를 하는 목적과 목표를 생각하고 잊지 않기 위해 계속해서 다짐하는 것이었다. 나는 작가가 되고 싶었고 '적어도 100일 동안 100권 정도는 읽어 봐야 뭐라도 하지 않을까?' 라는 막연한 생각을 했다. 누가 들으면 불가능에 가까운 도전이라고 생각했을 수도 있다. 불가능에 도전하는 사람에게 경쟁자는 없다고 했다. 100일 동안 100권의 책을 읽겠다는 목표를 세우고 목표를 달성하기 위해 포기하지 않았다.

1년이 조금 더 지난 지금까지 읽은 책은 400권이 넘는다. 이제는 하루에 한 권이라고 정해 놓고 읽지는 않지만 그래도 일주일에 3권 이상은 읽고 있다. 처음에 만들어 놓은 습관이 무의식적으로 책을 읽어야 한다고 생각하게 해 준 것이다. 책을 계속해서 읽으면서 내가 원하는 작가가 되어가고 있듯이, 이제는 습관이 나를 만들어 주고 있다. 운동을 좋아해서 바디 프로필을 준비할 때 며칠날 사진을 찍어야 한다는 생각으로 하루도 빠지지 않고 운동하며 버틴 것처럼 100일 동안 100권을 읽어야 한다는 목적의식이 강했기 때문에 습관을 형성할 수 있었다.

책 읽기를 습관으로 들이면 평소에 내가 사용하는 모든 것들이 변한다. 일찍 일어나기 위해 일찍 잠자리에 들어야 했고, 독서를 하기 위해 나의 생활 방식은 완전히 달라지게 되었다.

독서를 하기 전 일상은 퇴근한 뒤 영화 보면서 맥주를 마셨고, 맥주를 마시면 평소보다 늦게 자게 된다. 하지만 이제는 독서를 위해 지인들과의 저녁 약속을 제외하고 혼자서는 술을 마시지 않는다. 무엇을 하든 간에 중요한 일을 먼저 하고 쉬는 삶으로 변화했다.

종이책을 늘 들고 다니는 건 힘들다. 그래서 전자책은 아주 좋은 대안이 되었다.

대부분 자신도 모르게 핸드폰을 켜면 유튜브나 웹툰, 인스타 등 SNS 앱을 무의식적으로 누르는 사람들이 있다. 나도 책을 읽기 전에 핸드폰을 켬과 동시에 자동으로 그 앱을 실행한 적이 많다. 이제는 그렇지 않다. 나도 모르게 핸드폰을 보면 자연스럽게 전자책 애플리케이션과 블로그 앱을 실행한다.

한번은 오랜만에 '웹툰을 볼까.' 하고 생각했었는데, 어느 순간 책을 읽고 있는 자신을 발견하기도 했다. 정말 신기했다. 습관이 이렇게나 무서운 것이다. 좋은 습관을 들이게 되면 사람이 좋은 쪽으로 변하는 것은 당연한 이치가 아닐까?

습관에는 좋은 습관과 나쁜 습관이 있다고 했다. 나쁜 습관은 나도 모르게 형성되었을 가능성이 크고, 좋은 습관은 내가 의식하고 노력해서 만들었을 거다. 운동, 독서, 새벽 기상 등이 대표적이라고 생각한다.

자신도 모르게 형성된 나쁜 습관들이 있을 것이다. 나쁜 습관을 없애고, 좋은 습관을 유지하기 위해서는 신경을 써야 하고 의식적으로 항상 생각해야 한다. 운동을 할 때도 일단은 헬스장에 가는 것 자체가 내면에서 전쟁 시작인 것처럼 독서 역시 일단 책을 펴는 것 자체가 나와의 싸움 시작이다. 나를 이겨야만 좋은 습관을 만들 수 있다.

물론 나 자신과의 싸움에서 진 적이 많았다. 아침에 일어날 때면 나도 모르게 알람을 10분 뒤로 돌려놓는 거였다. 그리고는 기억하지 못할 때도 종종 있었다.

독서는 아주 좋은 습관이지만, 습관을 만들고 유지하는 데는 엄청난 노력이 필요하다. 하지만 책을 읽는 습관을 형성하면 나의 삶은 좋은 방향으로 나아갈 것이다. 책을 읽고 실천하면서 나는 다양한 것들을 이룰 수 있었다. 전자책을 두 권 냈고, 인플루언서로서 200여 명의 사람들 앞에서 강의를 할 수 있는 기회를 얻기도 했다. 그리고 온라인 줌으로 블로그를 성장시키는 방법 및 글쓰기에 대한 노하우를 나누고 있고, 전자책 코칭을 해드리면서 선생님이라고 불러주는 분도 계셨다.

자, 이제 결정을 내리기 바란다. 약간의 노력을 기울여 좋은 습관을 만들고 나의 운명 바꿔줄 습관을 만들 것인지, 그냥 내 몸에 붙어 버린 나쁜 습관들을 따르면서 지금의 삶을 내버려 둘 것인지 말이다.

시간과 공간의 제약에서 벗어나라

책을 읽을 때는 나만의 공간과 시간이 필요하다. 중요한 것은 '나만의'라는 것이다. 내가 책을 읽기 좋은 장소라고 판단된다면 어디든 상관 없다.

독서의 장점은 시간과 공간에 제약받지 않는다는 것이다. 다른 취미들은 시간과 공간의 제약을 받는다. 무엇인가 배우기 위해서는 학원에 등록을 하든지 정해진 시간에 맞춰 그 장소로 가야 한다. 독서는 그렇지 않다. 내 삶을 바꿔 줄 지식과 지혜를 얻을 수 있음에도 시간과 공간의 제약이 없다. 책 한 권은 한 사람의 스승을 늘 곁에 두는 것과 마찬가지인 것이다.

취미는 내 삶을 즐기고자 하는 활동이다. 스트레스를 푸는 방법이고 행복한 놀이다. 그래서 많은 사람이 취미를 위해 많은 것을 포기하고 즐긴다. 내가 좋아하면 다른 일들보다 우선순위에 두게 마련이니까.

독서는 사실 취미가 아니다. 학교에 가는 것처럼 필수적인 일이다. 그럼에도 독서가 취미로 묶인다면, 시간과 공간의 제약에서 풀려날 수 있다는 게 가장 큰 장점일 것이다. 집이든 전철에서든 읽을 수 있다. 현실에서는 만날 수 없는 스승도 만나고 지기도 만날 수 있다.

환경이 조성되어야만 책을 읽을 수 있는 사람도 있다. 그럴 때는 집에서 책을 읽을 분위기를 만들자. 내 경우라면 이제 책을 읽는 게 중독되었는지 대중교통을 이용하는 시간은 책을 읽기 가장 좋은 시간이 되었다. 만약 대중교통으로 이동하는 시간이 2시간 정도라면 책 한 권 정도는 읽을 수 있는 시간이 된다.

어떤 특수한 장비도 필요 없다. 핸드폰만 있다면 어디서든 지식을 쌓고 지혜를 얻을 수 있는 시간이다. 학원에 가는 것처럼 비싸지도 않다. 가성비가 좋다. 책 한 권에 2만 원도 하지 않는다. 나는 책을 자주 읽고 많이 읽어서 전자책을 사용하는데, 전자책 한 달 구독료는 2만 원 미만이다. 독서를 많이 하는 사람에게는 전자책을 추천한다.

금요일이면 내가 서점으로 가는 이유는 하나다. 신작이 바로 전자책으로 나오지 않는 경우가 많아서다. 신작은 구매해서 읽고 나머지 책들은 전자책으로 읽고 있다.

'독서가 취미처럼 즐거운 행위가 될 수 있을까?'

모든 것은 나의 관점에 따라서 달라진다. 할 수 있다고 생각하면, 방법을 찾고 할 수 없다고 생각하면 포기할 수밖에 없다. 내가 이루고자 하는 목표와 이유가 명확하면 할 수 있다.

내가 좋아하고, 하고자 하는 의지가 강하면, 이유와 목적이 확실하지 않으면 행동으로 옮기기 힘들다. 어디에서든 읽을 수 있다는 뜻은 어디에서든 읽겠다는 의지가 있다는 의미이다.

어떤 상황, 조건을 따지다 보면 할 수 없는 이유가 먼저 떠오른다.

나는 언제까지 핑계를 대면서 할 수 없는 이유만 찾을 수는 없다고 생각했다. 종이책만 고집했었는데, 종이책은 계속 들고 다녀야 하는 어려움이 있었다. 나도 모르게 책을 들고 다닐 수 없는 곳에서는 핑계를 대고 있었다. 하지만 어떻게든 책을 읽고 싶은 나의 강렬한 의지는 방법을 계속해서 찾게 해 주었고, 지금은 전자책, 오디오북 등 다양한 방법으로 책을 읽고 있다.

책을 읽을 분위기가 필요했던 때도 있었다. 그런 분위기 만들어지지 않은 곳에서는 집중하기 힘들었다. 책을 읽는 습관이 만들어지지 않아 엄청난 집중력이 필요했기 때문이었다.

하지만 이제 다르다. 포기하지 않았고, 그렇게 꾸준히 읽으면서 집중력이 달라졌다. 이젠 책을 읽을 때 주변 환경에 거의 영향을 받지 않는다. 무언가에 집중하게 되면 주위에서 불러도 듣지 못하는 경우가 있듯이 독서에 집중하니 주변 환경은 크게 상관이 없었다. 화장실에는 물론이고 길거리를 걸으면서도 읽을 수 있는 게 책이었다.

시간도 마찬가지다. 내가 읽고 싶은 순간이 책을 읽을 시간이다. 처음에는 시간을 정해서 읽었지만, 이제는 그렇지 않다. 그냥 책을 읽는 게 습관으로 굳어진 것이다.

책을 읽을 시간이 없다고 변명하는 건 말 그대로 변명이다. 그냥 그 시간에 다른 짓을, 대개는 쓸 데 없는 일을 하고 있을 뿐이다. 책을 읽는 데는 사실 큰 시간이 필요하지 않다. 휴대폰을 켜고 전자책을 여는 대신 게임 앱을 열거나 웹툰을 볼 뿐이다. 그러면서 책을 읽을 시간이 없다고 자신을 속인다.

책을 읽기 위해 날짜를 정해 놓거나 특정 장소로 가는 사람들도 있다. 성향에 따라 다를 수는 있지만 '책 읽는 것을 대단한 일이라고 생각해서 그렇지 않을까?'

독서는 즐거운 놀이가 되어야 한다. 좋아하고 사랑하는 사람과 만나는 걸 부담스럽게 생각하는 사람이 있을까? 존경하는 사람과 만나는 걸 따분하게 생각하는 사람이 있을까? 책은 바로 한 사람과 만나는 것이다.

우리는 책을 지나칠 정도로 무겁게 생각하는 경향이 있다. 그렇지 않다. 지루하고 시간을 많이 잡아먹는 행위라고 생각하면 접근하기가 어렵다. 책을 읽기도 전에 먼저 엄숙하게 마음자세를 다잡아야 할 것만 같다. 그렇지 않다. 거리를 걸으며 보이는 간판이나 표지판처럼 책도 그렇다.

어렵고 무거운 주제를 다루는 책들도 있지만 가볍게 쓰

고 있는 책들도 있다. 그런 책들은 읽기 쉽고 어려운 문장 또한 없다.

지금까지 책과 거리가 먼 삶을 살아왔다면, 하지만 이제 책을 통해 내 삶을 바꿔 보고자 한다면, 재밌게 읽을 수 있는 책부터 읽어 보자. '나는 일 때문에 바빠서 안 된다.' '나는 퇴근하고 나서 해야 할 일이 많다.' 라는 변명은 더이상 하지 말자. 실제로 수많은 사람들이 그런 생각들을 하고 있고, 그래서 책을 읽는 사람들이 적다고 생각한다.

누구나 같은 상황일 수는 없다. 같은 환경일 수도 없다. 하지만 다른 누군가는 어떻게든 독서를 하는 중이다.

뭐든 진입장벽이 높으면 시작하기가 어렵다. 엄두가 나지 않는다. 그냥 해보자. 당장 책을 손에 쥐어 보자. 화장실이든, 잠자기 전이든, 지하철에서든 책을 손에 들고 있는 것부터가 시작이다. 단 5분이라도, 한 쪽이라도 읽게 되고, 그렇게 가볍게 읽는 재미가 차곡차곡 쌓여 습관화 되면, 어느 순간부터는 '하루라도 책을 읽지 않고는 못 배길 만큼 책에 빠져들게 될 것이다.

최소 시간으로
최대의 독서 효과를 얻는 전략

나는 책을 읽으면서 완독을 하는 스타일은 아니었다. 종이 책은 대부분 완독했으나 전자책은 그렇지 않았다. 책을 전부 읽기까지 시간이 오래 걸려서이기도 했지만 사실 책이 전달하고자 하는 메시지를 파악하는 것이 더 중요하다고 생각했기 때문이다.

책이 전달하고자 하는 메시지를 빠르게 파악하고 난 뒤에는 내게 울림을 주는 문장들에 집중했다. 내가 이미 알고 있는 정보나 지식에 대한 설명들이 기술되면 그냥 건너 뛰었다. 물론 나와 달리 책을 완독하는 걸 중요하게 생각하는 사람도 있으니 꼭 내가 하는 방법이 정답이라고 하는 건 아니다.

나는 병렬독서를 하고 있었다. 병렬독서란 2권의 책을 한꺼번에 읽는 방법이다. 출근해서는 전자책으로 읽고 퇴근해서 종이책을 읽고 있다. '두 책은 서로 내용이 다를 것인데, 의미가 있을까?' 하는 생각도 들었지만 2권의 책을 같이 읽으니 오히려 생각이 융합되는 현상이 나타났다.

마케팅과 퍼스널 브랜딩에 관한 책을 읽었을 때였다. 인스타그램에 관한 것과 블로그에 관한 것이다. 출근해서 인스타그램을 다룬 책을 읽고, 퇴근해서 종이책으로 블로그 관련 책을 읽었다. 주제는 달랐지만 큰 틀에서 보자면 SNS와 관련된 책이다. 그래서인지 두 책을 동시에 읽으면서 인스타그램과 블로그에서 같은 내용을 서로 합쳐 생각할 수 있었고, 두 가지의 특성을 같이 적용해 보았다.

한 권씩 끝까지 읽어내야 한다는 생각에 매달리다 보면 책을 고르고 읽는 데 부담을 갖게 된다. 내 경우엔 목차를 확인하고 필요한 부분만 읽을 때도 많았다.

'이 책은 완독해야겠구나.' 하는 생각이 드는 책이 있기도 하고 어떤 책은 그렇지 않다. 한 권을 다 읽었다고 해도 기억에 그렇게 많이 남지 않는 책도 있다.

한 권의 책을 읽는다고 해서 그 책을 모두 기억하는 건 아니다. 어차피 기억 속에 남는 건 그 책의 일부, 알맹이다. 내게 영감을 주는 문장들만 기억하고 또 행동으로 옮김으로써 나는 성장할 수 있다.

책을 읽는 방법은 다양하다. 한 권을 집중해서 읽든지 빠르게 다양한 책들을 읽으면서 내게 필요한 내용을 확인하든지 그건 선택의 문제다.

우리는 재미있다고 생각하면 지루해 하지 않는다. 하지만 재미를 느낄 수 없다면 지속력이 떨어질 수밖에 없다. 처음에는 나도 완독하겠다는 생각으로 책을 읽었다. 이왕에 시작한 거 끝까지 읽어 봐야 한다고 마음을 먹었다. 그러다 보니 책을 고르는 게 너무 힘들었다. 잘못 선택하면 읽기 힘든 책을 읽어야 하니 선택이 힘들어질 수밖에 없었다.

하지만 굳이 완독을 하지 않아도 괜찮다는 생각이 들자 이젠 책을 선택하는 것도 쉬워졌다. 읽다가 마음에 들지 않으면 그만 덮어버리니면 되니까.

굳이 완독을 하지 않아도 된다고 생각을 바꾼 순간부터 고를 수 있는 책이 많아졌다. 읽다가 나와 맞지 않으면 다른 책을 읽으면 그만이다.

사람마다 성격이 다르고 유형이 다르다. 한 번 시작하면 끝까지 마무리하는 성격인 사람도 있다. 하지만 이런 성향을 독서에 적용하면 책을 펴는 것 자체가 힘들어질 수 있다.

내게 필요한 부분만 읽는 이유는 독서의 효율 때문이기도 하다. 최소의 시간으로 내게 필요한 내용을 최대로 얻고 싶은 전략이랄까.

완독을 하지 않으면 '책을 다 읽었다' 라는 느낌이 나지 않는 사람도 있을 것이다. 나 역시 어떻게든 완독하기 위해 억지로 읽은 적도 있다. 하지만 그런 독서는 책에 대한 흥미를 점점 사라지게 만들 뿐이었다. 그래서 바꾼 방법이 내가 읽고 싶은 부분만 읽고, 필요 없는 부분은 그냥 넘기는 것이었다. 그렇게 하다 보니 페이지 수가 많았던 책에서도 실제로 읽은 부분은 얼마 되지 않은 책도 있다.

독서법을 터득하면서 책을 소화하는 속도가 훨씬 더 빨라졌다. 관심이 없는 부분은 통째로 넘기거나 읽다가 이해되지 않으면 그 책은 일단 잠시 접어 둔다. 다른 책을 읽고 나서 2~3일 후에 다시 읽어 보면 이해가 되지 않던 부분이 이해되는 경우도 있었다. 다른 책을 읽으면서 사고가 확장되고 문해력이 높아져 그런 게 아닐까 싶다.

이해하기 어려운 책을 억지로 읽을 필요는 없다. 읽으면서 내 것으로 만들어야 참된 독서다. 책을 한 권 읽었다는 뿌듯한 감정을 만끽하기 위해 억지로 읽는다고 해서 내게 무엇이 남을 것인가. 일주일에 몇 권, 한 달에 몇 권을 읽겠다는 독서 목표보다 책을 읽는 습관을 몸에 붙인다는 게 더 중요하다.

일주일에 1권을 읽었으니 이제 목표치를 달성했다는 생각을 갖게 되면 결국 1권만 목표로 하는 사람이 된다.

일주일에 몇 권 읽는 사람보다 한 달 동안 또는 일 년 동안 꾸준히 독서를 하는 사람이 더 성장할 수 있다. 읽어야 할 책을 미리 정해 놓고 독서를 하면 목표를 채우는 데 급급해진다. 정작 책을 읽는 이유를 찾지 못하게 된다.

책을 읽는 명확한 목적을 가지고 있는 사람들은 완독에 신경 쓰지 않는다. 읽었다는 게 중요할 뿐 다 읽었다는 게 중요한 게 아니라는 것을 알고 있기 때문이다.

넷플릭스나 유튜브를 보다가 마음에 들지 않으면 그 즉

시 빠져 나와 다른 영상을 보는 것처럼 독서도 똑같다. 단지 읽는 게 즐거워 읽는 것 뿐이다.

책은 그냥 책일 뿐이다. 읽다가 마음에 들지 않으면 다른 책을 찾아보면 된다. 언제든지 볼 수 있고 얼마든지 찾아서 볼 수 있는 게 책이다. 특히 우리나라는 빨리빨리 문화가 형성되어 있어 독서를 어렵게 생각한다. 시간이 오래 걸리고 정보가 필요하면 내가 인터넷을 검색하든가 유튜브를 보면서 찾으면 된다고 생각한다. 그래서 책을 가까이 하기 힘들고 특별하게 생각하니 책을 읽기 시작하면 완독을 해야 한다는 강박에 사로잡혀 있는 것 같다.

한때 책은 정보를 얻는 중요한 매체였다. 하지만 이제는 아니다. 필요한 정보가 있으면 포털에서 검색해 해결하다가 책을 읽는다고 생각하니 독서를 특별한 지적 경험을 하는 것처럼 느끼고, 완독을 해야 감정적인 충족감을 느끼게 되는 사람도 있다. 그렇게 하다 보면 독서를 통한 진정한 행복감을 얻기는 힘들다. 가볍게 생각해야 한다. 책은 언제나 우리 옆에 있었고 어디서든 볼 수 있으며 가까운 존재다. 시대의 흐름에 따라 다소 멀어지기는 했지만 책을 읽는 걸 특별하다고 생각할 필요는 없다.

완독에 매달릴 이유가 없다. 저자가 전달하고자 하는 메시지가 무엇인지 알면 되고, 지금 내가 안고 있는 문제를 해결해 줄 수 있는 문장만 찾아서 읽어도 된다. 전자책이라면 페이지 수가 많지 않아 완독하고 싶다면 페이지 수가 적은 것부터 읽으면 된다.

독서를 너무 무겁게 생각하지 말고 특별하다고 생각하지 말자. 영상을 한꺼번에 여러 개 보는 것처럼 책도 여러 권을 동시에 보는 사람들이 있다. 영상에서 글로 바뀐 것뿐이다. 읽기 싫은 부분이 있으면 읽지 않으면 된다. 보고 싶은 글만 읽어도 나에게 도움이 된다.

나에게 맞는 책을 고르는 방법

나만의 비법이라고 할 수는 없지만 어쨌든 내가 가지고 있는 책 고르는 방법이 있다. 책에 대한 정보를 찾아보고, 먼저 그 책을 읽었던 사람들의 서평을 본 후 선택하는 것이다. 물론 내게 맞는 책인지 알 수 없기는 하다.

사람은 좋아해야만 끝까지 한다. 내가 원하는 게 있어야 앞으로 나아갈 수 있다. 예전에는 책을 고르는 방법을 제대로 정립하지 못해서 아무 책이나 읽었다. 인터넷에서 조금 유명하거나 새로운 책이 나오게 되면 거기에 휩쓸려 읽은 적도 많다. 하지만 그렇게 해서 선택한 책들 중에 내가 보고 싶었던 책은 적었다.

시간이 지나고 한 가지 깨달았다. 내가 읽고 싶어 하는 책, 내가 좋아하는 책을 읽어야 책 읽기가 즐겁다는 것을.

세상에는 수없이 많은 책들이 있다. 내가 평생을 책만 읽는다고 해도 그 일각조차 읽지 못할 정도로 많다. 지금도 새로운 책들이 계속해서 나오고 있는 중이다. 그중에서 나에게 맞는 책을 고르기란 쉬운 일이 아니다.

독서는 취미일 뿐이라고 생각해야 접근하기 쉽다. 내가 좋아하고 즐거우면 꾸준히 할 수 있듯이 독서 역시 내가 좋아하는 취미라고 생각하고 접근해야 꾸준히 읽을 수 있다. 나는 경제 관련서나 전문적인 지식을 필요로 하는 책은 좋아하지 않는데, 그건 전문적인 용어들로 범벅이 되어 있거나 해석하기 어려운 문장들을 해석만 하다가 시간만 흘려보낸 적이 많았기 때문이다.

내가 관심 있는 것, 지금 당장 해결해야 할 문제에 따라 책을 고르는 기준이 바뀐다. 예를 들면 나는 지금 책을 써야 하는 문제를 가지고 있다. 그러니 그 문제를 해결하기 위해서 평소 내가 읽던 책의 종류보다 독서, 글쓰기에 관한 책을 찾아서 읽는 거다. 문제에 따라 책을 고를 때도 있고 평소에 내가 관심이 많았던 것에서 좋아하는 책을 고르는 편이다.

나는 도전하는 것과 불확실성에 대해 관심이 많았다. 13년을 근무해 온 군 생활을 포기하고 새로운 삶을 향해 나아가기 위해서는 많은 용기가 필요하다.

책을 읽기 전에는 불확실한 도전을 하지 않았다. 현재 만족하지 못한 채 살고 있기는 했어도 그냥 지금의 삶을 선택하기로 했다. 책을 읽으면서 불확실성에 대해 알게 되었고 도전의 진정한 의미를 알게 되었다.

나는 저자의 이야기가 있고 역경을 이겨내서 마침내 성공하는 이야기를 좋아한다. 자기계발의 기본적인 내용이다. 책을 읽으면서 저자의 경험을 내 삶에 비추어 보고 나에게 적용할 수 있는 부분을 찾아내 실천으로 옮기는 것을 좋아한다.

내가 좋아하는 책이기 때문에 부담 없이 읽을 수 있고 재미까지 느낄 수 있다. 다음은 어떤 내용이 나올지 궁금했고 페이지가 줄어들수록 아깝다는 느낌이 들었다. 특히 나에게 맞는 책을 읽을 때는 더욱 그런 마음이 들었다. '나중에 읽어볼 걸, 아끼고 아껴서 읽을 걸.' 하는 책도 있다. 나의 삶을 바꿔 주고 생각의 틀을 깨 주는 책들이다.

책은 입맛이다. 내 입맛에 맞아야 끝까지 볼 수 있다. 나는 맛있는데, 다른 사람에게는 맞지 않을 수도 있다. 맛집이라고 소문나서 갔는데 생각보다 맛있지 않다든가, 소문이 나지 않았는데 맛있는 음식점도 있다. 책도 그렇다. 유명해서 읽어 보았는데 나랑 맞지 않은 책도 있었고, 유명하지 않은 책이라도 내가 읽어 보니 좋은 책도 많았다.

책의 종류는 다양해서 내가 어떤 입맛을 가졌는지 모른다면 책을 고르기가 어렵다.

내가 읽고 기억에 많이 남는 책이 어떤 종류의 책인지 아는 것도 중요하다.

'가장 큰 두려움은 자신이 원하지 않는 삶을
계속 살아야 할지 모른다는 것이었다.'

팀 페리스가 『타이탄의 도구들』에서 한 말이다. 나 역시 두려움은 원하지 않는 삶을 계속 살아야 할지 모른다는 것으로부터 생겨났다. 그런 면에서 팀 페리스의 말은 나에게 해 주고 싶은 말이다. 좋아하는 삶이 아닌, 싫어하는 일을 하면서 계속 살 수는 없다고 생각했다.

이처럼 내가 좋아하는 문장이 무엇인지 알고 있으면 비슷한 취향의 책을 고를 수 있는 안목을 갖게 된다. 좋아하면 누가 말려도 끝까지 한다. 하지만 좋아하지 않는 일을 하게 되면 스트레스를 받는다.

책도 같다. 처음에 재미있어 보여 선택했는데, 내가 생각한 내용이 아니라면 읽으면서도 스트레스만 받는다. 우리는 좋아하는 음식이 아니면 억지로 먹지 않는다. 많은 음식이 있고 내가 좋아하는 음식을 골라서 먹을 수 있는데, 굳이 좋아하지도 않는 음식에 돈을 쓰지는 않을 것이다. 선택할 수 있기 때문이다.

책 역시도 선택을 할 수 있다. 많은 책 중에 내가 좋아하는 책을 골라서 읽으면 된다. 내가 좋아하는 종류나 분야만 읽어도 상관없다.

읽다가 나와 맞지 않는다는 생각이 들면 덮으면 된다. 전자책은 언제든지 책을 검색해서 고를 수 있으니 더 쉽다. 종이책이라면 서점에 가서 책을 들고 최소한 프롤로그와 목차를 확인한 뒤에 고르면 된다. 서점에서도 읽을 수 있는 공간이 따로 정해져 있어 어느 정도 읽어 보고 고를 수 있다.

베스트셀러라고 무조건 좋은 것은 아니다. 사람들이 많

이 읽은 이유야 있겠지만 내게 맞는지 검증은 필요하다. 어떤 내용이고 책을 읽으며 어떤 인사이트를 받을 수 있는지는 알아야 한다. 사람마다 필요한 내용이 전부 다르다. 나에게 필요한 내용의 책인지 확인해야 하고, 읽는 데 부담이 없어야 한다.

소설을 좋아하는 사람도 있고, 경제 관련 책을 좋아하는 사람도 있다. 그래서 사람들이 좋은 책이라고 알려 줘도 일단은 어떤 종류의 책인지 먼저 확인하고 책을 선별한다. 좋아해야 한다. 내가 독서를 좋아하는 만큼 고른 책도 나에게 즐거움을 줄 수 있거나 읽고 나서 깨달음을 많이 느껴야 한다.

재미있게 읽기 위해선 내 기준에 맞아야 한다. 나의 성격, 성향에 맞는 책을 고르는 방법을 아직 모른다면 일단 많은 책을 읽어 보아야 한다. 종류별로 한 권씩 읽어 보고 좋은 책이라고 생각하는 책과 비슷한 느낌의 책을 찾아서 읽으면 된다.

내가 좋아하는 책의 장르를 정확하게 알지 못하면 알아 가는 과정을 거쳐야 한다. 태어날 때부터 내가 뭘 좋아하고 뭘 싫어하는지 알고 있는 사람은 없다. 경험을 통해 나에게 맞는지, 맞지 않는지 구별할 수 있기 때문에 취향이란 게 생긴 거다.

싫어하는 음식을 먹고 체하거나 몸이 아픈 기억이 있는 나는 성인이 되고 나서도 여전히 그 음식은 먹지 않는다. 몸에서 거부 반응이 일어나기 때문이다.

책도 그런 것 같다. 좋아하는 책만 읽는 게 다 좋은 것은 아닐 수도 있다. 하지만 독서는 취미일 뿐이라고 나는 생각한다. 그래서 좋아하는 것을 읽는 것을 추천한다.

눈에 들어오지도 않는 책을 단지 내용이 좋다는 평판 때문에 읽을 수는 없다. 아무리 좋은 내용이라고 하더라도 내게 필요한 내용이 아니면 의미가 없다. 아무리 유익한 지식이라도 내가 필요로 하지 않는 지식을 전하는 책이라면 굳이 읽어야 할 필요가 있을까? 나는 그렇지 않다고 생각한다.

나중엔 다양한 분야의 책들, 평소 읽지 않았던 책들도 읽어볼 의향은 있지만 지금은 그렇게 하고 싶지 않다. 읽고 싶은 수많은 책들이 있으니 일단은 내가 좋아하는 책부터 읽어 보고 싶다. 책에 대한 재미와 흥미를 잃고 싶지 않다.

지금은 독서가 즐겁다. 내가 좋아하는 책만 골라서 읽고 있으니 말이다. 하지만 누군가가 골라 주면 과연 독서가 재미가 있을까? 그렇지 않을 것이다. 블로그를 운영하다 보면 서평 의뢰를 받을 때도 있다. 나는 다 거절하고 있다. 내가 좋아하는 책을 요약하고 정리하는 게 더 재미있기 때문이다. 나와 맞지 않는 책을 받아 소중한 시간을 사용하는 게 싫었다.

우리는 재미있어 하는 일을 할 때 시간이 빠르게 흘러간다고 느낀다. 몰입을 하기 때문이다. 시간의 흐름을 인식하지 못할 정도로 몰입을 하게 되면 시간이 빨리 지났다고 느낀다. 책을 읽을 때도 그런 몰입이 필요하다. 집중하고 읽어 보면 시간이 정말 빠르게 흘러간다. 내용이 어렵고 이해하기 힘들다면 시간이 느리게 흐른다고 생각한다. 시간이 지났는데, 아직 여기까지밖에 읽지 못했다는 생각을 할 수가 있다. 그럼 독서에 흥미가 떨어지게 된다.

책을 읽어 가면서 지적 기반을 키우고, 지혜를 얻고, 삶의 태도에 변화를 일으키면서 자신의 성장을 이끌어 낼 수 있다는 건 모두가 알고 있는 것이지만 실천으로 옮기는 건 다른 문제다. 재미도 없고, 읽고 나서 남는 게 없다고 생각하면 변화를 이끌어 내지 못한다. 재미를 느껴야 하고, 몰입해야 한다. 그렇게 하려면 내가 좋아해야 한다. 그래야 재미를 느낄 수 있고 몰입할 수 있다.

만화책을 보거나 판타지, 무협 등 재미있는 책은 몇 권이 되든 읽을 수 있다. 다른 책에서 그런 재미를 찾기는 힘들다. 많은 종류의 책을 읽어 보면서 나에게 맞는 책을 찾으면 가능하다. 그렇게 하려면 노력도 필요하다. 나에게 맞는 책을 고르는 방법을 알면 재미도 있으면서 지식까지 쌓을 수 있다.

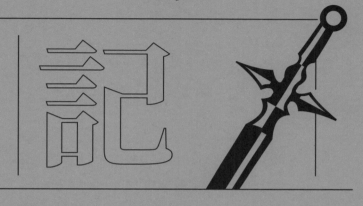

2부

記

글을 쓰면 삶이 바뀐다

나를 알아 가는 글쓰기를 시작하라

나는 글이란 걸 써 본 적이 없는 대표적인 사람 중 하나다. 초등학교 때 일기를 쓰긴 했지만 그게 끝이었다. 그렇게 성인이 되고 나서도 글 쓰기는 커녕 생각을 해본 적도 없었다. 꼭 써야 할 이유도 없었고 쓸 필요가 없었기 때문이다.

책을 수십 권 읽으면서 내 이름을 걸고 책을 내고 싶다는 생각을 했다. 그러다가 책을 낸 작가님들을 만나게 되면서 '100일 100장'을 시작하게 되었다. 100일 동안 100장을 쓰는 것인데, 처음에는 아무런 생각이 없었다. '책을 많이 읽었으니 그냥 쓰면 되지 않을까?'

첫째 날은 쉬웠다. 오히려 자만심이 들었다.

'너무 쉬운데? 이 정도면 100일은 거뜬하게 성공하겠다.'

착각이었다. 글은 아무런 형태도 없는 머릿속의 생각을 누구나 인지할 수 있는 글이라는 소통 도구로 형상화 해 내는 것이다. 눈에 보이지 않는 내 생각과 철학을 다른 사람이 볼 수 있도록 재창조하는 거였다. 쉬울 리 없었다.

처음에 쉬울 수밖에 없던 이유는 전달하고자 하는 것들이 많았기 때문이다. 그때는 창작의 고통이라는 것을 알지 못했다.

100일이면 엄청난 시간인 것을 알고 있었고, 나라는 사람을 얼마나 바꾸어 줄 수 있는지도 알고 있었다. 궁금했다. '100일 동안 단 하루도 빠지지 않고 내가 글을 적을 수 있을까?' 해보면 알 수 있을 것으로 생각했다. 100일간의 글쓰기가 나의 삶을 완전히 바꿔 주리라는 것을 그때는 알지 못했다.

단순하게 생각하고 시작했다. '작가가 되기 위해서 100권을 읽었으니 100일 동안 글을 쓰면 작가가 되는 방법을 깨우칠 수 있을 것이다'. 그렇게 처음으로 블로그에 하루에 500자 이상 글을 쓰는 도전에 참여하게 되었다.

일단 시간을 정해서 쓰기로 했다. 새벽 시간은 생각이 맑아지고 머리가 깨끗한 상태니까 글이 잘 써질 거라고 생각했다. 그렇게 아침에 알람이 울리는 것과 동시에 일어나서 블로그에 글을 적기 시작했다. 며칠은 쉬웠다, 아니 한 달 정도는 해볼 만하다고 생각했다. 글감이 많았고, 책을 많이 읽었으니 적고 싶은 글도 많았다. 그렇게 한 달이 지나자 글감이 말라 버렸다 머릿속에 있는 모든 지식과 지혜가 한 달이라는 시간 동안 글을 적으면서 고갈된 것이다.

고비가 찾아왔다. 아무리 생각해도 글감이 떠오르지 않았다. 어떤 날은 컴퓨터 모니터만 2시간 동안 멍하니 쳐다 보고 있었던 적도 있다.

사실 나는 글감 찾는 방법을 몰랐었다. 책에서 보았던 내용들과 내가 지금까지 살면서 경험했던 것들로만 해결하려고 했다. 꽤나 길게 썼다고 생각했는데 500자에 미치지 못한 경우도 많았다. 글을 적는다는 것, 존재하지 않았던 문장을 만들어 낸다는 것이 이렇게나 힘든 것인 줄은 알지 못했다.

'포기해야 하나? 괜히 해보겠다고 했나?'

마음속에서 '포기'라는 단어가 스멀스멀 올라오고 있었다. 내일이 오지 않았으면 좋겠다는 생각을 많이 했다. '오늘은 어찌어찌 겨우 적었는데, 내일은 또 어떻게 적어야 하지?' 출근하는 것보다 내일 다시 글을 적어야 하는 게 더 무서웠다.

얼마나 무모한 도전을 했는지 그때 깨달았다. 너무 자만했다. 책을 많이 읽었으니 어떻게든 해결할 수 있을 거라고 생각했다. 내가 살아온 세계가 너무 좁았다는 것을 알게 되었고, 글쓰기에 대해서도 너무나 무지했다. 어떻게 글을 끌고 가야 할지, 어떤 것이 글감이 될 수 있는지 알지 못한 채 시간에 쫓겨 가며 하루하루 겨우 채워 글을 써 나갔다. 그렇게 50일이 지났다. 찾아야 했다. 글감이 떨어진 날에는 책을 더 읽고 정보를 찾고 주변을 관찰하기 시작했다. 글감이 떠오르기를 기도하면서 항상 주변을 관찰했다.

그렇게 80일이 지나면서 보이기 시작했다. 글감은 어디에든 존재하고 있었다. 글을 써야겠다는 생각을 가지고 주변 세상을 바라보니 모든 것이 글감이 될 수 있었다. 내가 보는 모든 것들, 내가 하는 모든 언행, 동료들이 하는 모든 행동과 말이 글감이 될 수 있었다는 것을 알게 되었다.

20일 정도밖에 남지 않았지만, 오히려 기분이 좋아졌다. 거의 목적지에 다가선 것 같은 느낌이 들었고, 이제는 어디서든 글감을 찾아낼 수 있었다. 아니 애초에 내 곁에 있었다. 내가 그렇게 생각하고 바라보지 않아서 알지 못했던 것뿐이었다. 나는 독서를 하는 사람에서 글을 쓰는 사람으로 변화하는 단계로 나아가고 있었다.

글을 쓰는 건 독서에 비해 10배 이상은 힘들었다. 블로그에 매일 글을 올리는 사람들이 얼마나 대단한 사람들인지 새삼 알게 되었다. 나의 부족함을 깨달은 것이다. 얼마나 하룻강아지와도 같은 생각으로 작가가 되겠다고 다짐했는지, 얼마나 준비가 되어 있지 않았는지 깨닫게 되었다. 처음의 의도와는 다르게 새벽보다는 저녁에 적는 날도 많아졌다. 퇴근하고 오늘 하루 있었던 일들을 종합하고 정리하면서 글로 풀어나갔다.

장기 훈련을 나가게 된 날에는 답이 보이지 않았다. 훈련은 훈련대로 해야 하고, 그날 그날 올려야 할 글도 써서 올려야 한다. 그렇다고 훈련 내용을 적을 수는 없었다. 모두가 잠든 시간, 혼자서 어두컴컴한 생활관에서 고민하고 또 고민했다. 시계를 보고 벽지를 보고 핸드폰을 보면서 계속해서 생각했다.

100일 100장의 규칙은 간단했다. 500자 이상 분량의 글을 자신의 블로그나 인스타에 올리고 자정이 되기 전에 카페와 단톡방에 공유하는 거였다. 훈련이 있던 어느 날은 11시 50분까지 생각만 하다가 9분 동안 적어서 1분을 남기고 인증을 한 적도 있었다.

　중요한 건 포기하지 않고 어떻게든 계속해서 글쓰기를 멈추지 않았다는 것이다. 독서를 통해 생각이 깊고 다양해졌다면 글쓰기를 통해서도 많은 부분이 바뀌기 시작했다. 글을 쓰기 전에는 알지 못했던 것들을 하나씩 배워 나가는 동안 가장 많은 도움이 된 것은 나 자신과의 대화를 시작한 것이었다. 즉 글을 쓴다는 것은 자신과의 대화가 선행되어야 하는 행위였다는 걸 나는 깨달았다. 내가 무엇을 좋아하고 잘하는지, 어떤 목표로 삶을 살아가는지 깨닫게 되었다.

　그동안 무엇을 써야 할지 잘 몰라서 고민하고 막막했던 것은 어쩌면 나 자신에 대해 알지 못했기 때문이었던 것 같다.

　이제는 아니다. 글감이 없어서 고민하지 않는다. 하루 3개 이상, 많으면 5개 이상 포스팅을 할 수 있을 정도로 여유가 생겼다. 글을 쓰는 시간도 많이 줄었다. 100일 100장 프로그램을 처음 시작했을 때만 해도 글 한 꼭지를 쓰는 데 2시간 이상 걸렸다. 어떤 글을, 어떻게 끌고 나갈 것인지 생각하고 구상하는 시간까지 포함하면 한 편의 글을 적는 데 3시간은 족히 필요했다.

하루 24시간 중에서 2~3시간은 짧지 않은 시간이다. 그 소중한 시간을 글쓰기에 전부 사용했었다. 그렇게 하지 않으면 글을 써낼 수가 없었다. 글쓰기에 적합한 습관이 잡혀 있지도 않았고, 글감을 구상하고 찾기 위해서는 적지 않은 시간이 필요했다.

하지만 글쓰기가 어느 정도 훈련이 되고 익숙해지는 과정에서 많은 것들이 바뀌기 시작했다. 일어나는 시간이 달라졌고 퇴근 이후의 생활 패턴 또한 바뀌었다.

내 일상의 중심에 글쓰기가 들어왔다. 퇴근하고 쉬는 것도 글을 써서 올린 이후로 미뤄졌다. 휴식시간은 줄었지만 자신과의 싸움에서 이긴 승리자의 기분이 들어 뿌듯해졌고, 그것이 기쁨과 보람이 되었다.

우리는 살아가는 동안 수많은 대화를 통해 다른 사람들

과 관계를 유지하게 된다. 하지만 정작 자기 자신과 대화를 나누는 경우는 매우 드물다. 나 또한 그랬다. 나라는 존재 깊숙한 곳에서 울려오는 소리에 귀를 기울이지 않았다. 그러니 정작 나는 나에 대해서 그리 많은 것을 알고 있지 못했던 것이다.

나의 본 모습을 깨닫고 대화하지 못하면 글을 쓰는 건 힘들다. 나 자신의 진정한 모습을 이해하지 못하는, 헷갈리는 상태에서 어떤 컨셉의 글을 뽑아 내는 것은 어렵고 복잡한 일이다.

사람들은 자신과의 대화를 거의 하지 않는다. 할 시간이 없어서 그럴 수도 있고 하는 방법을 몰라서 그럴 수도 있다. 만약 글을 적지 않았더라면 나 역시도 나 자신과의 대화가 반드시 필요한 일이라는 걸 인식하지 못했을 것이다.

글을 쓰는 과정에서 나 자신과의 대화를 이어나가는 동안 나의 글 또한 조금식 바뀌기 시작했다. 나만의 고유 형태의 글로 재탄생하고 있는 게 보였다.

내면의 대화, 나를 알아 가는 방법 중 글쓰기보다 좋은 것은 없다고 생각한다. 글이라는 걸 써보기는커녕 쓰려고 시도조차 해본 적이 없었던 내가 글을 쓰게 되면서 많은 부분이 바뀌게 되었다. 조금만 더 빨리 글쓰기를 시작했다면 어땠을까? 하는 후회도 가끔 든다.

100일에 걸친 글쓰기 과정에서 수많은 고민과 고통을 경험하지 못했다면 지금의 나는 여전히 과거의 삶을 그대로 살아가고 있을지도 모른다. 작가가 되겠다는 목표를 갖게 되지도 못했을 것이고, 인플루언서로서 활동하게 되지도 못했을 거다.

나는 책을 통해 인생의 전환점을 맞이하게 되었고, 글을 쓰게 되면서 진정 내가 원하는 게 무엇인지 깨달았다.

나는 이제 글을 소비하는 사람에서 생산하는 존재가 되었다. 소비만 하다가 무엇인가를 생산하는 사람이 된 것이다.

이제 내가 생산하는 글들을 통해 점점 더 많은 사람들과 영향을 주고 받고 소통하고 있다. 내 글을 읽고 모르고 있던 사실을 깨닫고 성장할 수 있었다는 사람도 있고, 새로운 도전의 여정에 나서게 되었다는 사람들도 있다. 그들과 소통을 할 때마다 나는 감사한 느낌이다. 글쓰기를 시작하길 정말 잘했다고 스스로를 격려한다.

　여러분 또한 글쓰기를 시작해 보면 어떨까? 너무 큰 부담을 지우지는 말고, 마음 속 깊은 곳에서 울려나오는 자신의 목소리를 기록한다는 가벼운 마음으로 시작해 보아도 괜찮을 것이다.

　글을 써보면 알게 된다. 그동안 알지 못했던 세상을 만날 수 있다. 블로그와 같은 공간에 글쓰기를 시작하면 시간과 공간의 제약으로 만날 수 없는 사람들과 연결되고, 관계를 맺으며 새로운 세계를 경험할 수도 있게 된다. 나에게 새로운 정체성을 만들어 주는 것이 글이다.

나에 대해 알고 싶다면 글을 써야 한다

글은 세상 모든 곳에 있다. 우리가 과거 역사를 알 수 있게 된 것도 문자가 있기 때문이며, 인류가 과학과 문화를 이어가며 발전시킬 수 있었던 것도 책을 통해 지식과 지혜를 이어왔기 때문이다.

글자가 있기 전에는 상형문자나 그림으로 전달이 되었지만 해석을 하는 사람에 따라서 의미가 전혀 달라지기도 한다. 그런 의미에서 글은 무엇보다 의미를 명확하게 전달할 수 있는 중요한 수단이다.

사람은 스트레스를 받거나 감정에 상처를 입게 되면 표현해야 한다. 그게 웃음이든, 눈물이든. 글은 내면의 감정을 솔직하게 표현해 낼 수 있는 최고의 방법이다.

글을 쓰다 보면 진정으로 내가 느꼈던 감정이나 문제와 직면하게 해 준다. 글을 쓴다는 것은 나를 알아 가는 시간을 가지는 것이다. 나에 대해 정확하게 알 수 있고, 나에 대한 새로운 모습을 발견하는 기회를 제공해 준다. 또한 직면해 있는 문제를 단계적으로 해결해 나갈 수 있도록 해 주기도 한다. 무엇이 가장 가장 중요한 문제인지, 지금 당장 해결해야 할 문제는 무엇인지 정확하게 파악할 수 있게 해 준다. 머릿속에서만 문제를 들여다 보고 해결책을 찾기 위해 노심초사 하다 보면 정작 해결 방법이 떠오르지 않지만, 문제점에 대해 차분히 글로 정리해 보면 해결 방법이 떠오르게 된다.

나는 새로운 삶을 살기로 했고, 글을 쓰는 사람이 되기로 했다. 당연히 많은 준비가 필요했다. 하지만 머릿속에서 정리가 되지 않으니 해결 방법이 떠오르지 않았다.

경제적인 부분도 중요했고, 무엇보다 책을 내고 나서 어떤 삶을 살게 될 것인지 불안했다. 안개 속에서 길을 잃은 채 방향 모르고 서 있는 것만 같았다.

노트를 꺼내 지금까지 내가 해왔던 도전 과제들과 앞으

로 내가 이루고 싶은 목표들에 대해 하나씩 적기 시작했다. 그리고 내가 당장 해결해야 할 문제점들을 적으면서 정리했다.

문제점들을 하나씩 적다 보니 신기하게도 해결 방법이 떠올랐다.

글은 헝크러진 복잡한 생각을 깔끔히 정리하게 해 주는 훌륭한 도구였다.

목표를 글을 써서 정리하라

자기계발 책들을 보면서 자주 봤던 말이 있다. '목표를 글로 적어 놓으면 이루어진다.'

사실 나는 믿지 않았다.

'목표를 글로 적으면 이루어진다고? 말도 안 되는 소리네. 그럼 모두가 목표를 적으면 전부 성공했겠지….'

하지만 책을 계속 읽다 보니 다른 책들에서도 비슷한 말이 많았다. 한 저자가 아니라 수많은 저자들이 같은 말을 하고 있는 것이다. 그러자 나도 궁금해지기 시작했다.

'밑져야 본전 아닌가. 한번 해볼까?'

2023년 9월, 노트를 꺼내 올해가 지나기 전에 꼭 이루고 싶은 목표들을 적었다. 그리고 정말 잊고 지냈다. 내가 노트에 내가 이루고 싶은 목표를 적었다는 사실조차 기억하지 못한 채로 시간이 흘렀다.

그렇게 2024년 3월이 되었다. 우연히 기록해야 할 일이 있어 예전 노트를 꺼냈다가 지난해 적었던 글을 발견했다.

노트에는 이런 목표들이 적혀 있었다.

1. 나는 2023년도가 지나가기 전에 글쓰기와 블로그 관련 전자책을 한 권 만들겠다.
2. 2023년이 지나기 전에 1만 명 이상의 팔로워를 만들겠다.
3. 2024년 1월에는 반드시 종이책 집필을 시작해서 5월 안에 투고하겠다.
4. 종이책을 만들고 나서는 15,000명의 팔로워를 만들겠다.
5. 2024년에 전자책을 한 권 더 집필하고 종이책을 한 권 더 집필하겠다.

어떻게 되었을까?

저 노트를 발견한 날은 2024년 3월이었다. 목표를 적으면 이루어진다고 했다. 맞았다.

- 2023년 12월 24일, 글쓰기로 성장하는 나만의 블로그 라는 전자책을 만들어 무료로 나누어 주었다.
- 2023년 12월 30일, 정확하게 나의 팔로워는 1만 명을 넘겼다.
- 2024년 1월 종이책 집필을 시작하였고, 5월에 투고하기로 계약했다.
- 종이책을 만들고 있는 지금 나의 팔로워 수는 2만 명을 넘기고 있다.
- 2024년 4월, 전자책을 추가로 만들었다.

내가 알고 했을까?

아니다. 이미 말했던 것처럼 나는 내가 적어 놓았다는 사실조차 까맣게 잊고 지냈었다. 정말 우연히 노트를 사용하게 되었고, 그때야 발견하고 기억하게 되었다. 그리고 내가 적어 놓은 목표에 대해 천천히 읽으면서 온몸에 소름이 돋았다.

'진짜구나, 정말 모두 이루었구나.'

신기할 따름이었다. 따로 생각도 하지 않고 있었고, 의식도 하지 않았지만 모두 이루어져 있었다. 목표를 글로 적으면서 아마 무의식적으로 올 한 해의 목표 달성을 위해 스스로 그렇게 행동하고 있었다는 것을 알게 되었다.

나는 블로그에 2024년도 목표들을 다시 적어 놓았다. 이미 한 번 겪어 보았기에 그 힘에 대한 신뢰가 있었다. 그리고 가끔 내 블로그에 들어가서 내가 적어 놓은 목표들을 확인하고 목표에 얼마나 다가갔는지 항상 확인하고 있다. 이미 이루어진 것도 있었고, 목표에 거의 다가간 것도 있었다.

글의 힘은 정말 대단했다. 나는 앞으로도 목표를 글로 꼭 적는 사람이 되겠다고 다짐하게 해 준 날이었다.

글로 자신의 목표를 정리할 때의 힘에 대해 알고 있는 사람보다는 모르는 사람이 더 많다고 생각한다. 나도 그 전에는 목표를 글로 적어 놓아야 하는 이유에 대해 한 번도 생각해 본 적이 없었다.

'굳이? 내가 사는 데 있어서 얼마나 큰 영향을 미칠 수 있을까?'

지금까지 살아 오는 동안 글을 쓰지 않았다고 해서 사는데 아무런 문제도 없었기 때문이다.

글쓰기기를 시작한 지 반 년이 넘게 흘렀다. 그리고 글쓰기를 해 오면서 글을 써야 하는 이유에 대해서도 이제야 깨닫게 되었다. 글은 나를 보여 줄 수 있는 가장 확실한 무기라는 것. 전설의 무기라고 할까? 아무나 가질 수는 없지만 갖게 되면 엄청난 파급력을 지닌 무기가 된다.

게임에서도 전설의 무기가 등장한다. 만들기도 어렵고 만들기까지의 과정이 쉽지 않다. 나의 시간을 전부 갈아넣어도 얼마나 걸릴지 미지수다.

글도 그런 것 같다. 얼마나 써야 나만의 글이 드러나게될지 알 수 없었다. 하지만 매일 쓰다 보면 언젠가는 나만의 글이 나오게 될 것이라고 굳게 믿었다. 그렇게 블로그에 글을 계속해서 적어나가기 시작했고, 시간이 흘러 지금은 많은 분들이 내 글을 보러 오신다.

신기했다. 아무것도 아닌 내가 누군가에게 영향을 끼칠

수 있는 사람이 되고 있었다. 글을 생산할 수 있는 사람이 되면 글을 통해 많은 것들과 연결할 수 있다. 글이 모이게 되면 책이 될 수 있듯이 내가 지금 책을 낼 수 있는 것 역시 그동안 내가 쓴 글들이 모인 힘이라고 생각한다.

내가 쓰는 글의 색깔은 무엇일까?

내가 쓰는 글은 남들과 어떤 차별점을 두고 있는지가 중요하다.

나는 한 우물만 파며 살아온 사람이다. 많은 종류의 책들이 있지만 자기계발 관련서만 고집해서 읽었는데, 나에게 있어 삶의 원동력이 되어준 책들이 많았기 때문이다. 그래서 자기계발, 동기부여에 관련된 이야기에 대해서는 정말 열심히 글을 쓰고 있다.

나의 색깔은 명확하다. 조금 강하게 이야기를 할 수도 있지만 결국에는 할 수 있다는 메시지를 담고 있다. 내가 경험했기 때문이다. 나만이 쓸 수 있는 글이 있다. 나라는 사람은 이 지구상에서 한 명밖에 존재하지 않으니까. 그런 사람이 쓰는 글 또한 이 세상에서 특별하다. 특별한 사람이 쓴 글은 특별한 글이 될 수밖에 없는 이유는 그 사람의 인생이 모두 녹아 있기 때문이다.

하루를 살아가는 것 자체가 특별하다고 생각해야 한다. 나와 같은 시간에 같은 행동을 하는 사람들이 있을 수가 없다. 나의 생활과 완전히 같은 사람은 이 세상에 존재하지 않는다. 내가 쓰는 글은 나의 색깔이 나타날 수밖에 없다. 내가 쓴 글이 특별한 이유다.

하지만 대부분은 그렇게 생각하지 않는다. '내가 사는 게 특별한가?' 남들과 같이 살아가고 있다고 미리 단정지어 버린다. 그렇지 않다. 내가 살아가는 1분 1초가 세계 모든 사람과 다를 수밖에 없다. 깨닫지 못한다면 남들이랑 다르다고 생각할 수 없다.

지금 책을 쓰고 있는 나 역시 특별한 사람이라고 생각한다. 이 세상에서 오직 나만 이 책을 만들 수 있다. 누구도 나와 같은 사고와 생각을 할 수 없다. 지금까지 자라온 환경과 생활이 다르기 때문이다. 그래서 내가 쓰는 글은 퍼스널 브랜딩이 될 수 있다.

글은 나를 알리는 최고의 무기 다

대중은 자신을 세련되게 표현할 줄 아는 사람을 좋아한다. 글은 바로 자신을 세련되게 표현하는 가장 강력한 무기다. 말로 전달하는 메시지와 글로 전달하는 메시지는 다른 힘을 가지고 있기 때문이다.

글을 읽지 못하는 사람은 거의 없지만 글쓰기 능력을 갖추고 있는 사람은 많지 않다. 글을 쓴다는 것은 바로 자신에 대해 깊게 생각해 본다는 뜻이다. 그래서인지 평소 글을 자주 쓰는 사람을 보기도 쉽지 않다. 내 주변만 봐도 글을 쓰는 데 관심을 두고 있는 사람은 나밖에 없었다. 물론 직업적인 특성이 작용하고 있겠지만 친구들, 지인들 모두가 글쓰기에는 관심이 없었다. 글을 쓸 줄 아는 것 자체가 특별한 능력 중 하나가 아닐까 하는 생각이 들었다.

온라인은 정말 많은 변화가 이루어지고 있다. 오프라인보다는 이제는 온라인이 나를 알리기 위한 최적의 공간으로 변하고 있다. 우리는 시대의 변화를 거치면서 온라인에 익숙해지고 있다. 항상 스마트폰을 이용하면서 영상을 보는데 익숙해져 있다.

SNS를 이용하면서, 다른 사람들이 올리는 글이나 영상을 보는 사람이 많을까? 생산하는 사람이 많을까? 보는 사람이 훨씬 더 많다. 당연히 올라오는 글과 영상을 소비하는 사람들이 대다수다. 따라서 글이나 영상을 생산하는 사람들은 영향력을 갖게 되고, 생산하는 사람들이 성공할 확률이 높을 수밖에 없다.

그렇다면 나는 어디로 가야 하는가? 고민할 필요도 없었다. 나는 생산자로 가야 한다고 생각했다. 나도 예전에는 소비자의 삶을 살았다. 영상을 보고 음악을 듣기 위해 돈을 지불해야 했다. 하지만 이제는 바뀌어야 했고, 바뀌고 있다.

글은 기본값이다. 이제는 글만으로도 영상을 만드는 시대가 되었다. 텍스트 투 비디오라고 하는데, 글을 적게 되면

AI가 알아서 글에 맞는 영상을 만들어 주는 시대다. 그래서 나 역시 글을 통해 퍼스널 브랜딩을 구축할 생각이다. 책을 만들고 블로그, 인스타, 스레드, 트위터 등 많은 곳에 글을 쓰면서 나의 온라인 명함을 키워나가는 중이다. 나는 글이라는 기본기를 익혀 왔기 때문에 이제는 영상도 만들 수 있다. 스크립트를 짤 수 있고 대본을 만들 수 있는 실력을 계속해서 발전시키고 있다.

많은 플랫폼 사이에서 글은 특별한 힘을 가지고 있다. 사람마다 글의 형태는 모두 다르다. 감성적인 글을 잘쓰는 사람, 나처럼 동기부여에 관한 글을 쓰는 사람들도 많다. 나도 그 반열에 오르고자 노력하는 중이다. 글쓰기를 멈출 수가 없는 이유다.

글은 나라는 사람을 보여 주는 특별한 명함이다. 나는 앞으로 이런 글을 쓰는 사람이 되겠다고 알려 주는 것이다. 또한 글은 퍼스널 브랜딩에 기초이다. 요즘 시대는 퍼스널 브랜딩의 중요성이 강조되는 시대라서 많은 사람들이 블로그, 인스타, 유튜브, 트위터 등 많은 곳에서 자신을 홍보하고, 자신만의 능력을 팔고 있다.

온라인 시장은 생각보다 엄청나게 확장되어 있다. 당장

스마트폰을 사용하는 사람들만 봐도 알 수 있다. 블로그는 2024년 기준 3,000만 개가 넘는다. x는 한국에서만 매월 400만 명이 이용하고 있다. 스레드는 70만 명, 인스타는 1,800만 명이 활동하고 있다.

주변 지인들 중에서 글을 쓰는 사람은 거의 없었다. 심지어 매일 쓰는 것은 생각조차 하지 않고 있다. 경제학 이론에서 무엇인가 가치를 갖기 위해서는 희귀성이 중요하다. 그래서 다른 사람보다 특별한 능력을 갖추기 위해선 글을 계속 써보는 것을 추천한다. 나만의 퍼스널 브랜딩을 만들기 위해서든 다른 목적이 있든 나의 삶을 조금이라도 좋은 쪽으로 바꾸기 위해 글은 최고의 도구이다.

하지만 글은 컴퓨터 앞에 앉는다고 그냥 써지는 것이 아니다. 깊게 고민하고 성찰하면서 머릿속에서 흘러다니고 있는 생각들을 정리하고 논리적으로 짜맞출 수 있는 훈련이 필요하다. 자신의 삶을 정면으로 바라볼 줄 아는 용기도 필요하다.

글을 쓰기 위해서는 오늘 하루가 특별한 날이라고 생각해야 한다. 오늘 있었던 일들이 평소와 같은 날이라고 생각할 수 있다. 그렇지 않다. 오늘은 두 번 다시 오지 않는 날이다. 그런 특별한 하루들이 계속해서 우리에게 일어나고 있다. 특별하다고 생각하지 않으면 특별하지 않다. 생일을 생각해 보라. 누군가에게 그 하루는 소중한 날이지만 다른 사람에게는 그저 그런 하루일 수 있다.

이제는 오프라인에서 나를 아는 사람보다 온라인에서 나를 아는 사람이 더 많아지게 되었다. 오프라인에서 나를 아는 사람들은 같은 직장에서 일하는 사람, 가족, 친구, 지인 정도다. 온라인에서는 나의 실제 모습을 알지 못하는 사람들이 대부분이지만 '북크북크'라는 닉네임을 알고 있는 사람은 많다.

나의 글은 사람들에게 동기를 유발시켜 주고, 자기계발에 대한 글을 적으면서 나 또한 점점 성장한다. '자기계발이 그렇게 중요한가?' 하고 생각하는 사람도 있다. 나는 자기계발 책을 읽고 실천하면서 다른 삶을 살아가고 있다. 누가 어떻게 받아들이느냐가 중요하다고 생각한다.

글을 적기 위해 좋은 책이나 문장을 보면서 나 역시 인사이트를 받아야 한다. 그래야 글로 풀어서 적을 수 있다. 이 세상에서 자기계발 책만 읽으면서 내가 받은 인사이트와 같은 것을 나와 똑같이 글로 적는 사람은 없다. 살아가는 인생과 철학이 모두 다르므로 내가 적는 글은 세상에 유일한 글이 된다.

나는 글을 쓰는 사람이 되고 생산자의 삶을 살아가고 있다. 생산자의 삶을 살면 많은 기회를 얻을 수 있다. 누군가에게 정보를 줄 수도 있고 내가 터득한 경험을 나누어 줄 수 있다. 어느새 인스타는 만 명이 넘게 되었다. 블로그도 8천 명이 되었다. 다른 SNS를 합치면 2만 명의 팔로워를 가진 인플루언서가 된다.

앞으로의 미래 계획은 내가 꾸준하게 써온 글을 통해서 나만의 사업을 할 생각이다. 글만 쓸 줄 알아도 영향을 줄 수 있는 사람이 될 수 있는 것이다.

글의 힘을 느껴라

글은 어쩌면 공기와도 같다. 어떤 물건을 샀을 때 사용설명서가 있어서 편리하게 사용할 수 있고, 외국 영화를 볼 수 있는 이유 역시도 자막이 있기 때문이다. 글이 없었다면 우리는 제대로 소통할 수 없었을 것이다.

하지만 우리는 글에 대해서 중요하게 생각하지 않는다. 항상 옆에 있으면 소중한 걸 모르는 것처럼.

우리는 항상 글과 함께 있다. 모르면 그냥 지나칠 수도 있지만 모든 것은 글과 관련이 되어 있다. 맛집 간판부터 시작해서 자동차를 운전하면서 만나는 온갖 정보들도 글과 관련되어 있다. 의식하지 않으면 모를 수도 있지만 의식을 하는 순간 아침에 일어나는 것과 동시에 글과 함께하고 있다는 것을 알 수 있다.

일어나서 잠이 들 때까지 우리는 글과 함께 하루를 맞이하고 하루를 정리한다. 문자, 카톡 메시지부터 시작해서 무엇인가를 전달하기 위해선 글을 사용할 수밖에 없다.

예전에 유튜브를 볼 때는 중요하게 생각하지 않았지만 이제는 당연하게 여기는 것이 있다. 바로 영상에 자막이 달려 있는가, 아닌가를 따지는 것이다.

어느 순간부터 우리는 영상을 보게 되면 당연하게 자막이 있는 것을 선호하고 있다. 왜 그럴까? 그만큼 직접적으로 내용을 파악할 수 있기 때문이다. 아마도 유튜브를 보는 사람들은 자막이 얼마나 중요한지 알고 있을 것이다. 자막이 있고 없고의 차이는 명확하다. 나도 자막이 있는 영상을 선호한다. 이해하기 쉽고 빠르게 메시지를 파악할 수 있기 때문이다.

많은 SNS를 하면서 나는 좋은 글들을 모으고 있다. 글의 힘은 특별하다. 짧은 글을 읽더라도 그 안에 담겨 있는 내용은 무겁다. '이렇게 생각을 할 수도 있구나.' 라고 감탄할 만

한 글들이 많았다.

내가 평소에 생각하지도 못했던 글을 읽게 되면 전율이 일었다. '어떻게 저렇게 짧은 글에 모든 것을 담을 수 있을까?' 라는 생각을 하게 된다.

글을 쓰면 내가 살아가는 세상이 바뀌고 나의 삶이 바뀌기 시작한다. 자신을 바꾸기 위해서는 정말 큰 노력이 필요하다.

나는 한때 변화를 싫어하는 사람이었다. 안전한 게 최고라고 생각했고, 생활 패턴에 변화를 주는 것을 두려워 했다. 지금까지 살아 오면서 나의 삶을 그냥 받아들였고, 그것이 정답인 줄로만 알고 살아왔다. 책을 읽고 글을 쓰면서 나는 비로소 그동안 작은 세계에서 살고 있었다는 것을 깨달았다.

글을 쓰기 위해서는 나를 먼저 바꾸어야 한다. 생각을 바꾸고 삶을 대하는 태도를 바꿔야 한다.

다양한 책을 읽어 보고 많은 글을 읽으면서 간접 경험을 해보길 바란다. 나는 책을 통해 생각과 사고방식이 바뀌게 되었고, 새로운 사람으로 태어났다. 많은 책을 읽고 공통점으로 이야기해 주는 것이 무엇인지 알아내서 내 삶에 적용했다. 100권 정도를 읽게 되면서 어느 정도 인생에 대한 철학이 잡히는 것 같았다.

글을 쓰기 위해서는 삶을 바라보는 관점을 바꾸어야 한다. 나에게 일어난 일만 보는 게 아니라 나를 제3의 관점으로 볼 줄 알아야 한다.

글쓰기에는 사색하고 생각을 정리하는 시간이 필요하고 공간도 필요하다. 그러면서 내가 평소에 다른 곳에 사용하던 시간과 공간을 글쓰기에 사용하면 나의 생활이 바뀌게 되고, 그동안 몰랐던 시간의 중요성, 자신과 대화의 소중함을 알 수 있게 된다.

나는 독서를 통해서 여러 가지 지식과 지혜를 얻을 수 있었고 글쓰기를 통해 나의 문제점과 목표를 정확하게 알 수 있었다.

글을 쓰는 건 생각보다 정말 어려운 일이다. 무에서 유를 창조하는 일이며 창의적인 사고 능력이 필요하다. 또한 전달하고자 하는 메시지에 대해서 확실하게 정리하고 있어야 한다.

나도 글을 쓰기 위해서 시간이 필요했다. 평소에 내가 사용했던 것과 같이 시간을 사용해서는 글을 적을 수가 없었다. 100일 100장을 하면서 깨달았다. 평소처럼 일어나고, 퇴근하면 안 된다는 걸. 평소에 하던 대로 놀고, 쉬면서 글을 쓰려고 했으니 당연히 어려울 수밖에 없었다.

　매일매일 글감을 찾아야 했고 생각해야 했다. 머릿속에 들어온 게 없으니 내보낼 게 있을 리 없었다. 생각의 폭을 넓혀야 했고, 깨달음의 시간이 필요했다. 나도 평범한 사람들처럼 퇴근하고 나서는 온전히 쉬는 것에 집중했던 사람이지만 글을 쓰기 시작하면서 달라졌다. 퇴근을 하고 나서 더욱 더 바쁜 삶을 살기 시작했다. 항상 글을 적어야 했기에 주말도 나에게는 쉬는 날이 아니었다. 또 글을 쓰기 위해서는 책을 계속해서 읽어야 했다. 이제는 하루하루 그냥 지나가는 날이 없는 삶을 살고 있다.

　아인슈타인은 이렇게 말했다.

"어제와 똑같이 살면서 다른 내일을 기대하는 것은
　정신병 초기 증세다."

지금과 같은 행동을 하고 시간을 사용하면서 무엇인가 바뀌기를 바라는 것은 어리석다는 의미다.

아인슈타인의 말을 접하고 나서 나는 지난 날의 나처럼 살지 않기로 다짐했다. 지금 하는 행동이 나의 미래를 바꾸어 줄 것이라는 강한 믿음을 가지고 하루하루를 살아가기로 했다.

내가 평소에 쓰는 시간부터 바꾸자! 그런 시간이 모이게 되면 좋은 결과로 반드시 돌아올 거라고 생각했다.

시간이 지나면서 점점 확실하게 느끼고 있다. 그동안 글을 쓰는 데 많은 시간을 사용한 덕분에 어느새 이렇게 책을 만들어 나가고 있는 나 자신을 보고 있으면 틀린 말은 아니라는 것을 알게 되었다.

글은 나의 삶을 바꿔 주고 행동을 바꿔 주었다. 글을 쓰지 않았다면 아마 나는 예전 그대로의 삶으로 돌아갈 수도 있었을 것이다. 때론, 너무 많은 고민과 생각으로 글을 적지 못하는 날도 있었다. 이렇게 적는 게 맞는 건지 틀린 건지 수십 번을 지우고 수백 번을 고치다 보니 어느새 글을 쓰는 데 따른 부담이 줄어들게 되었다. 내 생각과 사고를 이제는 말하듯이 쉽게 글을 쓸 수 있게 되었다.

꾸준하게 글을 쓰는 게 어려울 수 있다. 다 같은 환경과 조건이 아닐 수도 있다. 하지만 절대로 포기하지 말고 꾸준하게 자신만의 글을 계속해서 써 나가기를 바란다. 독서를 많이 하면서 책이 전달하고자 하는 메시지를 정확하게 파악하는 연습을 계속해야 한다. 그런 연습과 훈련은 글을 쓸 때 메시지를 정확하게 표현할 수 있게 해 준다.

많은 작가 그리고 인플루언서들이 하는 이야기가 있다. 글만 잘 쓸 수 있어도 수많은 것들이 가능하다고. 나도 동의한다. 세상에 글을 잘쓰는 사람들은 정말 많다. 글은 생산자로 가는 첫걸음이다.

무엇인가 생산하는 사람이 되어야 한다. 소비자의 삶을 사는 게 아니라 생산자의 삶을 살 때 비로소 성공하는 길이 열린다고 생각한다. 글쓰기를 시작하기 전에는 독서만 했기 때문에 내 삶에서 큰 변화가 일어나거나 하지는 않았다. 하지만 꾸준히 글을 쓰면서 많은 것들이 달라졌다.

꾸준히 글을 쓰는 사람은 정말 소수다. 전업작가거나 블로그를 운영하지 않는 이상 글을 계속해서 써야 할 이유가 없기 때문이다.

하지만 나는 꿈이 있었기 때문에 글쓰기를 멈출 수 없었다. 작가가 되고 싶은 꿈을 위해 당연히 글을 쓸 줄 알아야 하고 연습을 계속해야 했다. 한 문장, 한 문장을 생산하기 위해 매일 고민하는 시간, 생각하는 시간이 나의 삶을 바꿔 주었다.

내가 만약 글쓰기를 이렇게 꾸준히 해오지 않았더라면 작가가 될 것이라는 내 목표도 여전히 아득한 거리에 있었을 것이다. 단 하루도 거르지 않고 글을 계속 적어 왔기 때문에 조금이라도 목표를 향해 나아갈 수 있게 되었다. 단지 책을 읽고, 글을 쓰기만 했을 뿐인데, 이렇게 내 삶은 완전히 바뀌게 되었다. 책의 힘과 글의 힘을 지금은 피부로 느끼고 있다.

새벽 6시, 그곳에서 데일 카네기를 만났다

글을 쓰면 삶이 어떻게 바뀌게 될까?

먼저 생각이 정리된다.

우리는 수많은 생각을 하면서 살아가고 있다. 긍정적인 생각, 부정적인 생각, 미래에 대한 불안, 과거에 후회, 현재 부닥쳐 있는 걱정들이 항상 머릿속에서 맴돌고 있다.

글을 쓰면 생각이 정리되고, 앞으로 나아갈 수 있는 방향이 잡히기 시작한다. 생각이 정리가 되지 않으면 머릿속은 더 복잡한 생각으로 엉키게 된다. 풀리지 않는 인생의 숙제들과 보이지 않는 해결 방안들이 뒤섞여 온갖 스트레스를 불러온다.

글을 쓰다 보면, 마치 엉킨 실타래와도 같은 혼란스러움

속에서 문제를 풀어나갈 수 있는 방법을 익힐 수 있고, 내가 안고 있는 문제가 그렇게 심각한 것만은 아니라는 걸 깨닫게 된다.

언젠가 새벽에 출근하는 날이었다. 주차장에 내려와서 시동을 걸었는데, 웬일인지 그날은 차가 움직이지 않는 것이었다. 재빨리 후배에게 전화를 걸어 카풀을 요청했고, 그는 준비하기까지 시간이 필요하다면서 자기 집까지 걸어와 달라고 했다. 지도 맵을 켜니 제법 걸어야 하는 거리였지만 달리 방법이 없어서 서둘러 그의 집으로 발걸음을 옮겼다.

길을 걷다가 갑자기 짜증이 밀려 왔다. 일찍 출근은 해야 하지, 새벽부터 적지 않은 거리를 걸어가야 하지, 괜한 곳에 화풀이라도 하고 싶은 마음이었다.

그렇게 얼마나 걸었을까? 저 멀리 한 무리의 사람들이 보였다. 가까이 다가가니 출근하는 외국인 일용직 근로자들이었다. 이 시간에 이렇게 많은 사람들이 출근하다니. 잠시 뒤 그들 앞에 커다란 승합차 한 대가 멈춰 서고, 작업반장인 듯한 사람이 내려서 이름을 불렀다.

이름이 호명된 사람은 밝게 웃으며 승합차에 올랐고, 그렇지 않은 사람들은 떠나는 승합차의 뒷모습을 허망한 모습으로 바라봤다.

'나는 신발이 없어서 불행했다. 밖에서 두 발이 없는 사람을 만나기 전까진….'

데일 카네기의 『자기관리론』에 나오는 문장이 떠올랐다. 후배 집으로 걸어가면서 짜증을 내던 나 자신이 부끄러워졌다.

저들이 일하러 갈 기회의 확률은 50퍼센트지만 지금 걷고 있는 나는 100퍼센트였다. 생각이 거기에 다다르자 짜증이 사라졌다. 신기했다. 만약 책을 읽지 않았더라면 카네기의 문장을 기억해 내지 못했을 것이고, 어쩌면 오늘 내내 좋지 않은 기분으로 보내지 않았을까? 거기에 더해 글쓰기를 하지 않았다면 역시 이 문장을 떠올리지 못했을지도 몰랐다. 책을 읽고 글을 쓴다는 것이 삶에 있어서 얼마나 많은 도움을 주는지 깨달은 날이었다.

내가 뭔가 부족하다고 생각하고 부정적인 느낌이 들 때면 이 문장이 내 머릿속에 맴돈다. 그래서 하루하루를 소중하게 생각할 수 있게 되었다. 누군가는 오늘이 그토록 바라던 내일일 수도 있다고 했다.

나에게 주어지는 하루는 그냥 하루가 아니다. 나의 관점에서만 생각하지 않고 타인의 관점에서 생각해 보니 나는 행복한 사람이었다. 아침 기분이 하루를 정해 준다고 했다. 짜증이 난 상태로 출근했다면 그날 온종일 짜증이 나 있는 상태였을 것이다.

사람의 감정이라는 것이 참 신기하다고 생각한다. 아침에 그토록 짜증이 났는데, 한 줄의 글귀로 내가 하루를 대하는 태도가 달라졌기 때문이다.

다른 문장을 통해서도 삶을 바라보는 관점이 긍정적으로 변화했다. 특히 걱정이 많거나 고민이 많을 때는 내가 보았던 문장들이 내게 말을 건넨다.

그렇게 할 수 있는 이유도 내가 책을 많이 읽고 글을 써 왔기 때문이지 않을까?

책을 읽고 글을 쓰면 삶이 변한다고들 한다. 어떻게 변하냐고 묻는다면? 나는 이렇게 답하고 싶다. 삶이 변한다기보다 삶을 바라보는 시선이 변하는 것이라고. 눈에 보이는 보상을 얻거나 월급이 오르지는 않지만 삶을 지탱하는 마음가짐과 태도를 길러 준다고.

눈길을 사로잡는 글쓰기

좋아하는 문장을 내 삶에 대입하면서 생각이 바뀌었다. 좋아하는 문장들은 평생 기억하고 싶다. 좋아하는 글을 내 삶에 대입해 보면 많은 것들이 바뀌게 된다.

"이 문장이 나에게 주는 깨달음은 무엇인가? 나의 구체적 경험과 연결한다면, 어떤 경험이 떠오르는가?"에 대해 생각하고 글을 적어 보자.

'혼자의 시간을 매일 꾸준히 갖는다고 생각해 보라. 아무런 변화가 없는 것이 더 이상한 일 아닐까?'
_〈글쓰기가 필요하지 않은 인생은 없다〉 중에서

글을 쓴다는 것은 생각을 정리한다는 것이다. 오늘 하루 있었던 일들, 앞으로의 미래, 과거의 경험을 정리할 수 있는 최고의 도구다.

　좋아하는 문장을 기억하고 실천하는 것은 중요하다. 예전의 나는 지금 나이에 무엇인가 도전하기에는 이미 늦었다고 생각했다. 이제 와서 깨달음을 얻었다고 성공한다는 보장도 없고, 실패했을 때의 리스크가 두렵게 다가온 적이 많았다.

　SNS를 하다가 이런 문장을 발견했다.

　'내가 늦은 건 키즈 모델뿐.'

　짧은 문장이지만 나에게는 특별하게 다가왔다.

　'맞아 내가 지금 할 수 없다고 생각하는 것들은 무엇이 있을까? 작가가 되고 강사가 되기에는 늦은 걸까?'

　누군가는 새로운 삶을 꿈꾸고 있지만 시작조차 하지 않았을 거로 생각했다. 하지만 나는 그렇지 않았다. 꾸준히 책을 읽고 글을 쓰고 있었다. '내가 늦은 건 키즈 모델뿐이다.'라는 문장이 나에게는 아직 늦지 않았으니 무엇이든 시도해 보라는 의미로 다가왔다.

이렇게 짧지만 많은 생각을 불러 일으키는 문장들이 있다. 내가 좋아하는 문장을 보게 되면 비슷하게라도 글을 쓰고 싶었다. 재치 있고 다른 사람들에게 큰 깨달음을 줄 수 있는 문장이다.

좋아하는 것, 싫어하는 것이 모두 다르듯이 글도 마찬가지다. 글을 잘쓰기 위해서는, 우선 내가 좋아하는 글이란 어떤 형태를 지니고 있는지 알아야 한다. 평소 자주 읽은 글의 형태, 책의 종류를 이야기한다. 사람의 성향에 따라서 에세이, 소설, 문학 장르의 글을 좋아할 수 있다.

사람은 관심이 많이 가고, 자주 본 것에 대해 흉내낼 수 있다. 노래방에 갔을 때 자주 듣는 노래를 부르게 되는 것처럼 글도 마찬가지다. 자주 보는 형식의 글이 있다면 글을 쓸 때 비슷한 형식으로 쓸 수 있고, 쉽게 적을 수 있다. 어떤 글의 형식을 좋아하는지 모른다면 많은 책을 읽어 보는 것을 추천한다.

자신이 좋아하는 글의 형태를 파악하는 것이 중요하다. 나의 글쓰기에 기초가 될 수 있기 때문이다.

어떤 글을 읽었을 때 오래 기억에 남았을까? 왜 그 글은 내 기억 속에 남아 있을까?

나의 경우 '할 수 있다'는 의지를 자극하는 희망이 담긴 글을 오래 기억한다. '그냥 도전해라!' 이런 글보다는 '앞으로 가기 위해서는 뒷발이 떼어져야 한다'와 같은 문장이다.

  도전하기 위해서는 내가 지금까지 해왔던 것을 포기할 줄 아는 용기를 가지라는 글이다. 표현하는 방식이 좋았다. 그래서 나는 내가 좋아하는 글의 표현 방식을 배우기 시작했다. 어려운 단어를 없애고, 말하는 것처럼 자연스럽게 쓰기 위해 연습했다.

  그런 연습의 효과로 최근에 쓴 글은 전에 적었던 글보다 부드러워졌다. 지금은 독자가 내 글을 읽었을 때 스스로 삶을 비추어 보고 어떻게 생각하는지 질문을 할 수 있게 적고 있다. '지금 시작하지 않으면 내일도 시작할 수 없다.' 한 마디로 생각을 많이 하게 해 주는 글을 쓸 수 있도록 노력하고 있다.

  쓰는 게 재미있지 않다면, 지속적으로 글쓰기를 하는 건 불가능하다.

  '나는 글쓰기가 즐거운가?'

  글을 쓰고 난 뒤 어떤 기분이 드는지 자신을 돌아보자. 내 생각을 선명하게 알고 정리할 수 있어서, 속마음을 털어내는 후련함을 느껴서, 자기 속박에서 벗어나는 해방감을 느껴서.

어떤 즐거움이든 상관없다. 글쓰기가 주는 나만의 즐거움이 있다면, 글쓰기를 꾸준히 이어가는 건 어렵지 않다. 좋아하면 멈추지 않는다.

그뿐만 아니라, 내가 쓴 글을 누가 읽었으면 좋겠는지, 누구에게 도움이 될지 타겟 독자에 대해 생각해 볼 필요가 있다. 예를 들어 어르신에게 필요한 말과 어린아이에게 도움되는 말이 다른 것처럼, 읽는 대상을 명확히 설정하고 써야 내용이 겉돌지 않는다.

글을 쓰면서 물어 보자.

'이 글은 누구에게 도움이 되는가?'

나도 처음에 어떤 글을 써야 할지 막막했다. 그냥 하루하루 흘러가는 이야기를 적은 적도 많았다. 그렇게 적어 보니 꾸준하게 쓰기 어려웠다. 아무도 궁금해 하지 않는, 그냥 내 일상에 대해 이야기하는 듯한 느낌이 들었다. 그래서 자기계발 책에서 읽은 문장을 사용하기로 했다.

'게으름이 악순환 되면 무기력과 게으름 또한 복리로 늘어난다.'

『생산자의 법칙』에 나오는 말이다.

게으름 역시 복리로 늘어난다. 마음속에 와 닿는 글이었다. 따로 생각해 본 적은 없었지만 공감이 가는 말이었다. 미루면 미룰수록 해야 할 일이 쌓여 갈 뿐이었다는 것을 알게 되었다.

이처럼 떠오르는 글감이 없다면 한 문장이라도 머릿속에 떠오르는 대로 일단 써 보자. 문장과 문장을 이어가다 보면 의식이 열리고, 주제와 관련된 경험과 생각이 떠오르기 시작한다. 그러니 무엇을 써야 할지 확신이 서지 않더라도 일단 써 보자. 천릿길도 한 걸음부터라고 하지 않는가?

또 하나의 방법. 책을 읽다가 좋은 문장을 만나면 내 삶에 대입해 본다. 여기서 좋은 문장이란, 머릿속에 전구가 켜진 것처럼 인식을 트이게 하는 문장 혹은 마음을 불을 지피는 듯 열정을 불러 일으키는 문장을 말한다.

좋은 문장을 읽고, 떠오르는 생각과 감정을 나열하다 보면 한 편의 글이 된다.

보도 섀퍼의 다음 문장은 지금의 나를 만들어 주고 앞으로 평생 기억하고 있을 문장이다.

"먹고사는 데 급급한 사람은 먹고살 만한 삶을 살고, 꿈을 꾸는 데 노력하는 사람은 꿈꾸는 삶을 산다. 그것뿐이다."

내가 좋아하는 문장을 자주 읽고 생각하면 나의 삶이 바뀔 수 있다. 나 역시 먹고사는 데 급급한 인생을 살고 있었을지도 모른다. 하지만 좋아하는 문장을 기억하면서 나의 삶은 달라졌다. 가슴에 와 닿는 문장을 적고 떠오르는 생각을 나열했다. 그동안 나는 무엇을 위해 살아가고 있었는가? 자신에게 질문도 해본다. "정말로 내가 원하는 꿈을 위해서 노력을 한 번이라도 한 적이 있었는가?" 되묻게 되었다.

이처럼 글쓰기는 스스로에게 묻고 답하면서, 자신을 대면하고 알아가는 과정이요, 삶을 건강하게 돌보는 작업이라 할 수 있다.

짧은 문장이라도 한번 써 보자. 문장을 보고 내가 느낀 것을 쓰는 연습을 하면 긴 문장도 쓸 수 있다. 좋아하는 글을 찾아서 내 삶에 적용해 보고 긍정적으로 변화시켜 보자. 글을 쓰고 내 생각을 정리하다 보면 매일 성장하는 나를 만날 수 있다.

글쓰기는 노력으로 만들 수 있다

나도 오래도록 글을 써왔던 사람이 아니다. 우연히 100일 100장 프로그램을 시작으로 글을 꾸준하게 쓰기 시작했을 뿐이다. 영감이라든가, 표현력이 좋다든가 하는 재능은 없었다.

하지만 하루도 거르지 않고 꾸준하게 글을 쓰다 보니 어떻게 적어야 할지 스스로 깨닫게 되었다. 그리고 부족한 부분을 따로 공부하면서 글 쓰는 실력이 많이 늘었다.

처음부터 잘하는 사람은 없다. 얼마나 시간을 투자했고 꾸준하게 써 왔는지가 더 중요하다. 내 생각, 보이지 않는 사고를 문장으로 표현하면서 수십 번 수백 번 지우고 쓰고를 반복하다 보니 글 쓰는 것에 대한 부담도 줄었다.

글을 쓰기 시작한 지 얼마 되지 않았다면 꾸준히 글을 쓰는 데 어려움을 느낄 수밖에 없다. 하지만 포기하지 않고 꾸준히 자신만의 글을 쓰다 보면 실력은 늘 것이고, 글쓰기가 꼭 재능의 영역만은 아니라는 것을 알게 된다.

글을 잘 쓰기 위해서는 내용과 논리에 초점을 맞추어 쓰는 게 좋다. 추가로 진정성이 들어가면 좋은 글이 나온다. 나의 경험을 바탕으로 하는 글은 오직 나만이 쓸 수 있는 글이 된다. 또한 독서와 글쓰기는 매우 긴밀하게 연결되어 있다. 책을 많이 읽고 메시지를 정확하게 파악하는 훈련을 계속하면 글을 쓸 때 자연스럽게 나의 메시지를 전달할 수 있다.

예전에는 글을 쓰기 위해 글감을 찾고 정리하는 데 오랜 시간이 필요했다. 하지만 지금은 그냥 하고 싶은 이야기를 풀어놓는 것으로 생각을 바꾸었다. 그렇게 하니 글이 훨씬 더 자연스럽게 바뀌었고, 많은 사람들이 읽기 쉬운 글이라고 평가해 주고 있다. 문법이나 문장력보다는 자신만의 글을 쓰는 게 중요하다고 생각한다.

글쓰기를 연습하다 보면 어느 순간 글이 잘 만들어지는 순간이 오게 될 것이다. 예전에 썼던 글들과 지금 쓰고 있는 글들을 비교하면서 어떤 부분이 바뀌었는지 확인해 보면 보완해야 할 점이 눈에 보이기 시작할 것이다.

글을 쓰기 위해서는 준비가 필요하다. 인풋이 있어야 아웃풋이 있듯이 자신이 쓰고자 하는 주제에 따라 필요한 정보들은 무엇인지 알고 있어야 한다. 요즘은 굳이 책이 아니라도 유튜브나 인터넷 등 정보를 얻을 수 있는 곳이 많다. 글을 쓸 때 참고하면 그냥 쓰는 것보다 훨씬 더 나은 글을 쓸 수 있다.

나는 글을 쓰기 전 항상 준비하는 게 있다. 전자책을 읽으면서 찾아낸 좋은 문장을 준비하고, 그동안 읽었던 책들을 옆에 꺼내 놓는다. 인사이트를 한 번 더 받기 위해서다. 준비 없이 글을 쓰면 생각을 정리하는 시간이 오래 걸린다. 책에는 수많은 내용이 담겨 있지만 실제로 저자가 전달하고자 하는 메시지는 간단하다. 그것을 빠르게 찾아내서 내 글을 적을 때 적용해야 한다.

글을 잘 쓰기 위해서는 좋은 문장을 수집하는 것도 중요하다. 책을 읽고 기억에 남는 문장을 따로 표시해 둔다. 그리고 컴퓨터에 저장하거나 블로그에 바로 서평을 적으면서 기록한다.

　책을 준비했다면 이제는 책에서 좋았던 문장들만 따로 저장해야 한다. 글감이 없다는 생각이 들 때 문장 수집 파일을 보면 새로운 생각이 떠오른다. 자신만의 문장 수집 파일이나 노트를 만들어 평소 정리해 놓도록 한다. 문장들을 분류해서 모아 두고 지금 쓰고 싶은 글에 맞는 문장을 찾아 참고하며 쓰는 것이 좋다.

　일기를 쓰는 것도 평소 글쓰기 훈련을 하는 데는 아주 좋은 방법이다. 일기는 단순하게 나의 이야기를 쓰는 것이 아닌 삶을 바라보는 시각의 차이라고 한다. 삶에서 일어나는 사건들을 다른 시각으로 바라보고 쓰는 연습을 하는 게 일기다. 일기를 쓰면 자신감을 키울 수 있고, 글쓰기 실력을 향상시킬 수 있을 뿐 아니라 일기를 통해 경험을 기록하면서 스트레스를 해소하고 건강한 심리 상태를 유지하는 데도 도움이 된다.

　일기를 꾸준히 쓰는 사람은 자기계발에 도움이 된다고

한다. 일기는 공개되지 않아도 되는 글이므로 솔직하게 감정을 표현할 수 있고, 개인적인 문제해결이나 자기만의 변화와 성장을 돕는 데 큰 도움을 줄 수 있다. 감정과는 관계없는 객관적인 시선을 가지게 되는 데도 도움이 된다. 나도 어릴 적 일기를 써 보면서 직면해 있는 문제에 대해 숙고하고 글로 풀어쓰면서 여러 가지 해결책을 찾을 수 있었다. 그리고 느낀 점을 항상 마지막에 적으면서 내 안에 있는 감정을 해소할 수 있었다.

글을 쓰기 위해선 자신과의 대화가 먼저 선행되어야 한다. 자신에 대해 잘 알지 못하면 글을 쓰는 데 있어 많은 어려움이 생긴다. 먼저 자신과의 진솔한 대화를 통해 스스로 어떤 사람인지 알아가는 단계라고 생각하면 된다. 그렇게 일기를 꾸준하게 쓰면 자연스럽게 글 쓰는 것에 대한 부담도 사라지고 자신감을 얻을 수 있다. 공개를 하든 안 하든 그것은 별 상관이 없다. 블로그에 공개를 해도 좋고 나만이 볼 수 있는 곳에 글을 먼저 써 보고 읽기 편해지는 글이 나타나면 그때 블로그에 공개해도 된다.

바로 글을 쓰는 것이 어려우면 내가 느꼈던 감정을 표현

하는 글을 써 보는 것도 좋다. 감정은 50가지 이상이 있다
고 한다. 기쁨, 슬픔, 분노, 사랑, 시기와 질투 등 인간은 감
정의 동물이다. 같은 상황에서도 감정에 따라 생각하는 게
달라진다.

감정을 먼저 알면 글을 쓰는 데 연결점을 찾을 수 있다.
감정에 솔직해야 한다. 자신에게 솔직해지면 글을 쓸 때 진
정성이 묻어나고 내 글을 읽는 독자에게도 전달이 된다.

글이나 책을 읽었을 때 감동했거나 저자의 아픔을 같이
느꼈던 적이 있을 것이다.

'왜 감동했을까? 왜 저자의 아픔을 글만 읽었는데, 내가
느낄 수 있었을까?'

그건 저자가 쓴 글에 감정이 고스란히 들어갔기 때문이
다. 감정에 솔직해지고 지금 느끼고 있는 감정을 그대로 글
로 표현하는 것이 좋다.

저자의 감정을 알게 되면 자연스럽게 독자와 저자가 공
감대를 형성할 수 있다.

'나와 비슷한 아픔을 겪었구나, 나보다 힘든 경험을 했구
나.'

그럼에도 그 아픔을 이겨낸 저자와 공감을 나누면서 그

에게 관심을 갖게 되고 그 저자가 쓴 다른 글들도 읽고 싶
어지게 된다.

감정을 표현하는 것은 매우 중요하다. 감정을 표현함으로
써 내 안에 있던 감정들이 해소되기 때문이다.

글 쓰는 실력은 노력으로 바꿀 수 있다. 내가 직접 경험을
해봤기에 확신할 수 있다. 매일 글을 쓰면서 실력이 늘어나
고 있음이 보인다. 갑자기 '확!' 하고 늘어나지는 않지만 꾸
준히 쓰면 성장할 수밖에 없다. 언젠가는 내가 원하는 글이
나오게 된다. 눈에 보이지 않는다고 포기하면 다시 원점으
로 돌아가게 된다는 것을 명심하자.

글쓰기 실력은 노력으로 만들어 진다. 살아오는 동안 제
대로 글을 써본 적 없는 나조차도 이제는 작가라고 불리고
있다. 글을 쓰는 재능이 없다는 이유로 포기했다면 이루지
못했을 거다. 조금이라도 좋으니 매일 글을 써보자.

상상을 현실로! 전자책 쓰기

나는 목표를 달성하기 위해 끊임없이 성공자로서의 내 모습을 상상한다. 작가 타이틀을 달고 있는 나의 모습, 동기부여 강사로 강연을 하는 모습이다. 하지만 상상만 한다고 이루어지지는 않았다. 상상한 것을 실현하기 위한 하나의 과정으로 전자책 쓰기에 도전했다.

나는 그동안 읽었던 책을 읽고, 블로그를 운영하면서 알게 된 글쓰기 방법, 블로그를 성장시키는 방법에 대해 알려주는 전자책을 만들어 보기로 했다. 처음에는 상상만 했을 뿐이지만, 이젠 그 꿈을 실현하기 위한 계획을 세웠다. 그렇게 8주 만에 전자책을 만들어서 크리스마스 선물로 이웃들에게 무료 나눔을 할 수 있었다.

사실 시작은 단순했다. 나는 다양한 오픈 톡 모임을 하고 있는데, 대부분 블로그를 운영하는 사람들이고 자신만의 퍼스널 브랜딩을 만들어 가는 사람들이다. 나도 그런 사람들과 교류하면서 많은 것을 배우고 있었다.

모임을 하면서 나보다 더 열심히 하는 사람들이 많다는 것을 깨달았다. 많은 사람이 전자책을 만들겠다고 공언했는데, 처음에는 관심만 가졌을 뿐이었다. 애초 나는 전자책을 만들 생각조차 하지 않았다. 너무 어렵다고 생각했던 것이었다.

'나라는 사람이 무슨 전자책을 만들겠어.' 라고 스스로 한계를 정했다.

그렇게 한두 달이 지나고 나니 전자책을 만들겠다고 공언했던 사람들이 그 결과물을 내놓았다. 내게는 충격으로 다가왔다. 신기했다. 그들과 나의 글쓰기 실력은 그리 다르지 않다고 생각했기 때문이다.

물론 사람마다 각자가 가지고 있는 특색은 전부 다르겠지만 엄청난 글솜씨를 가진 사람들은 그렇게 많지 않다고 생각했다. 나 자신에게 질문을 던졌다. '나는 왜 전자책을 만들 수 없다고 생각하게 되었을까?' 스스로 한계를 정한 거였다. 다른 사람들이 만든 전자책을 읽다가 내 머릿속에 한 가지가 생각이 떠올랐다.

'이 정도면 나도 만들 수 있지 않을까? 나의 이야기를 넣고 내가 해온 것들을 설명하듯이 적어 보면 되지 않을까?'

나는 생각하면 곧바로 행동으로 옮기는 성향을 가지고 있다. 고민할 시간도 없이 나도 바로 전자책을 내겠다고 공언했다. 10월 24일에 시작해서 12월 24일, 크리스마스 이브 선물로 내 이웃분들에게 무료 나눔을 하겠다고. 그렇게 나의 전자책 만들기는 바로 시작이 되었다.

호기롭게 시작했지만, 처음부터 난관에 봉착했다. 책을 쓸 시간이 많지 않았다. 블로그에 글도 적어야 했고, 원래 해야 하는 것들을 하고 나면 나에게 남은 시간은 2시간 남짓이었다.

잠자는 시간을 줄일 수밖에 없었다. 호기롭게 공언을 했기에 2개월 안에 반드시 전자책을 만들어야 했다. 휴가를 나가서도 책을 만들어야 하는 상황이었다. 친구를 만나러 가는 약속 장소에 가면서도 피시방으로 가서 책을 만들었다. 전자책을 핸드폰으로 만들기는 어려워 컴퓨터가 필요했다.

약속한 날짜가 다가오자 퇴근하고 나서는 모든 시간을 전자책 만드는 데 시간을 사용했다. 목차를 만드는 것에도 수많은 고민을 해야 했다. 책에 어떤 내용을 넣을 것인지도 중요하지만 목차에 따라 내용이 달라질 수 있기 때문이다. 블로그에 글을 적는 것보다 책을 만든다는 것이 체감상 10배는 힘들었는데, 나의 전자책을 다른 사람들이 보고 평가를 할 수 있기 때문이다. 그래서 엄청난 집중이 필요했다. 오타도 점검해야 했고 평소에 신경 쓰지 않던 문법, 문맥도 확인해야 했다. 하나의 문장을 적고 나서 맞는지 확인하고, 수정하느라 계속 신경을 쓰다 보니 머리가 금세 아파지기 시작했다.

책을 만든다는 것은 어려운 일이었다. 너무 쉽게 접근했던 탓도 있었지만 포기할 수는 없었다. 나 자신과 약속을 했는데, '나를 이기지 못하면 그 누구를 이길 수 있을까?' 나와의 싸움을 시작했다. 어떤 날은 4시간 동안 생각을 정리하고 글을 썼음에도 반 페이지밖에 적지 못한 날도 있었다. 그런 날에는 정말 '괜히 한다고 했나?' 라는 생각도 많이 들었다. 너무 고통스러웠다. 하지만 스스로 선택한 고통이었다.

내가 만든 전자책을 보고 누군가에게는 도움이 되기를 바라는 마음이었다. 나보다는 다른 사람의 이익을 먼저 생각하면 나중에 그 이익에 내게로 돌아온다고 했다.

책을 만들면서 많은 것을 느끼게 되었다. 나의 부족함을 알게 되었고 나의 한계를 경험하게 되었다. 처음 만들어 보는 전자책이지만 내가 알고 있는 정보를 최대한 많이 담으려고 노력했다.

전자책이 완성되고 나서 정말 많은 분들이 책을 받아 가셨다. 그리고 감사하게도 블로그에 나의 책에 대한 후기를 남겨 주시는 분도 계시고, 프린트를 해서 보시는 분도 계셨다. 그렇게 고생해서 만든 전자책이 내게 또 다른 명함이 되어 주었다. 또한 많은 감사의 메일도 받게 되었다.

글쓰기와 블로그를 합친 이유는 처음에 블로그를 할 때는 이런 책이 많이 없었기 때문이다. 형식적인 글들로 채워진 책, 키워드와 검색량에 의존하라는 내용이 많았다.

하지만 내가 원하는 것은 그런 게 아니었다. 하나부터 열까지 단계별로 적혀 있는 책을 원했다. 그런 책은 존재하지 않았다. 내가 그런 책을 만들기로 결심했고 만들었다.

전자책을 만들어 보니 작가의 길로 한 걸음 다가간 느낌이 들었다. 그리고 진짜 작가가 되기 위해 2024년 1월에 종이책을 내기 위한 글을 쓰기 시작했다. 독서와 글쓰기가 이제는 내 꿈을 이루어 주고 있다.

요즘에는 퍼스널 브랜딩에 전자책을 많이 이용한다. 글쓰기를 계속하면 전자책을 만들 수도 있고, 많은 사람에게 선한 영향력을 행사할 수 있다. 전자책 만들기는 접근하기 쉽고 누구나 도전할 수 있다고 생각한다. 글을 쓰지 않았다면 나 역시도 만들지 못했을 것이다.

글쓰기는 나의 삶을 바꿔 주었고 정체성을 부여해 주었다. 전자책은 그동안 내가 써온 글들의 결과라고 생각한다. 글을 계속 쓰면서 전자책 작가에 한 번 도전해 보는 게 어떨까? 스스로 무엇인가 생산했다는 느낌을 알게 되면 자신감을 얻을 수 있고, 더 많은 도전을 할 수 있다.

나는 지금까지 3권의 전자책을 만들었다. 만들어 낸 전자책이 쌓일수록 나를 알아 주는 사람도 점점 많아진다.

도전해 보자. 전자책은 온라인 명함을 만드는 첫 번째 길이라고 생각한다.

글쓰기는 나의 세계를 확장시켜 준다

내가 글을 쓰지 않았고, 책을 읽지 않았다면 절대 만날 수 없는 사람들이 있다. 지금 나는 그런 이들과 교류하며 관계를 맺어가는 중이다. 만약 그동안 해왔던 삶을 그대로 유지해 왔다면 같은 직업을 가진 사람들과만 교류했을 것이다.

하지만 이제는 그렇지 않다. 많은 작가님들과 교류할 수 있게 되었고, 인플루언서들이 생겼다. 25만이 넘는 팔로워를 가진 인플루언서와 함께 식사를 하고, 출판기념회에도 초대받는 등 나의 삶은 전과는 완전히 달라지고 있다.

그동안 나는 작은 울타리에 안에서만 살고 있었다는 것을 깨닫게 되었다. 나의 세계를 확장하기 위해 다양한 사람들과 교류해야 한다는 것을 이제야 느끼고 있다. 그전까지 나는 직업과 관련된 사람들만 만났고, 그러다 보니 사회적 관계를 넓혀야 한다는 생각조차 하지 못했었다.

매일 같은 사람들만 만나다 보니 대화 내용은 늘 거기서 거기인 진부한 것들이었다. 그날 그날의 삶을 꾸려가면서 매일 같은 시간과 공간 속에서 살아가는 이야기였다. 물론 나쁘다는 생각은 하지 않았다. 하지만 그렇게 나의 사고는 좁아졌다. 현재의 삶에 안주한 채 하루하루를 흘려보내는 사람으로 굳어지고 있었다.

나는 완벽한 소비자의 삶을 살고 있었다. 무엇을 생산하는 삶이 아닌 하루하루 소비만 하는 사람이 되어 가고 있었다. 사실 생산자와 소비자란 뜻도 알지 못해 다들 그렇게 살아가고 있다고 생각했다.

블로그에 글을 쓰기 시작하면서 내 생각은 180도 달라졌다. 블로그를 하는 사람들중에는 정말 대단한 사람들이 많았는데, 그들은 항상 자기계발에 시간을 쓰는 걸 전혀 아까워하지 않는 이들이었다.

글을 쓰기 전에는 어느 정도 자신에 대해 만족하고 있었다. '이 정도면 그래도 열심히 살아가고 있다.' 라고 무의식으로 생각하고 있었다. 그러니 더 발전할 생각 자체를 하지 못했다. 가장 위험한 말이 '이 정도면 됐지.' 라는 말 같다. 더 발전할 수 있을 건데, 나는 여러 가지 평계를 대면서 지금의 만족한 삶을 유지하기로 했다.

항상 작은 세계 속에서만 살아서 큰 세계를 경험할 기회조차 있지 않았다. 그 자리에 나는 머물러 있기만 했다.

하지만 글을 쓰기 시작하면서 다른 세계들을 간접적으로나마 경험해 볼 수 있게 되었다. 책을 집필하면서 작가가 되는 사람, 본인만의 능력을 파는 사람들 그리고 블로그는 완벽한 소비자였던 내게 신선한 충격을 준 곳이다.

블로그는 모두가 글을 생산하는 생산자들만 모인 곳이었다. 글을 생산하는 사람들만 모여 있는 곳에서 글을 적는 나는 태어나서 처음으로 무엇인가를 생산하는 사람이 되었다.

지금까지 살면서 단 한 번도 생산해 본 적이 없다. 글의 힘도 알지 못했다. 독서하고 글을 쓴다고 내 인생이 달라질 것이라고는 단 한 번도 생각하지 못하고 살았다. 대부분 그렇게 살고 있었을 거니까. 그리고 글을 통해 성공을 한 사람을 본 적도 없었다. 주변에 작가라고 불리는 이들은 단 한 사람도 없었고, 나와는 완전히 다른 세계에서 사는 사람들이라고 생각했다. 내가 직접 블로그를 하기 전까지 블로그는 단지 지역 맛집 추천을 검색하는 정도로만 사용하고 있었다. 블로그가 얼마나 큰 힘을 가지고 있는지도 몰랐고, 블로그를 운영하는 사람들이 그렇게나 많은지도 몰랐다.

나는 인플루언서가 무엇인지 모르고 살았다. 그냥 구독자가 많은 사람, 팔로워가 많은 사람이겠거니 하며 살아 왔을 뿐 그들이 가지고 있는 영향력에 대해서는 한 번도 생각하지 못했다. 유튜브를 보면서도 가끔 느끼기는 했지만, 나와는 다른 세상이라고 생각했다. 내가 인플루언서가 될 수 있을 거라고는 살면서 단 한 번도 생각해 본 적이 없었다.

이제는 내 이름을 아는 사람보다는 블로그 이름을 아는 사람들이 많아졌다. 어딘가 모임에 가서 "저는 누구입니다." 라고 하기보다 "블로거 누구입니다." 라고 소개할 때 더 많은 이들이 나를 알아보는 신기한 경험을 하고 있다.

한 번은 한정된 50명이 모인 자리에서 내 소개를 한 적이 있다. 처음에 "누구입니다." 했을 때는 아무도 반응을 보이지 않았는데, "자기계발, 동기부여 블로그를 운영하는 북크북크입니다." 라고 하는 순간 대부분 나를 알아보는 경험을 했다. 어떤 분들은 나와 함께 사진을 찍고 싶다고 부탁하셨다. 신기했다. 아무것도 아닌 나를 알아봐 주시고 사진도 같이 찍자고 하시니 원래의 내 삶을 그대로 살았더라면 절대 이루어질 수 없는 일들을 경험하고 있다.

나는 여러 모임을 하고 있다. 내가 모임의 장으로 있는 것도 있고 구성원으로서 활동하는 것도 있다. 구성원으로 활동을 하는 모임의 리더는 25만 이상의 팔로워를 가지고 있는 인플루언서이자 작가님이고, 블로그에서의 영향력도 큰 분이다.

나는 한 번 하고자 마음을 먹으면 해야 하는 성격을 가지고 있다. 배움에 있어 시간을 아끼지 않는 스타일이기도 하다. 모임에는 많은 분들이 계셨지만 나는 더욱더 열심히 노력했다. 그래서 운 좋게 식사 자리에 초대받게 되었다.

내가 25만 이상의 팔로워를 보유하고 계신 분과 식사를 할 수 있었다는 것만 해도 사실 꿈같은 일이었다. 글을 쓰기 시작하면서 나의 삶은 바뀌고 있었다. 블로그를 하시는 유명한 분들을 만나고, 이야기를 나눌 수 있는 자리가 많아지고 있다. 그러면서 나의 세계는 점점 확대되고 있다. 단지 글만 꾸준하게 적었을 뿐인데, 나를 발전시켜 주고 새로운 세계를 경험시켜 주고 있다. 그래서 나는 글쓰기를 시작한 걸 정말 잘했다고 생각한다.

좁은 울타리에 갇혀 살았던 과거를 생각하면서 '왜 조금 더 빨리 책을 읽고 글을 쓰지 않았을까?'라는 생각이 들었다. 도전하면 변한다는 말을 이제야 실감하고 있다. 지금의 삶에 만족할 수도 있다.

하지만 새로운 도전을 하면 새로운 사람을 만날 수 있고, 내가 살아가는 세계는 새로운 세계가 된다.

지금은 많은 인플루언서 분들과 연락을 하며 지내고 있고 강의 제안도 많이 들어오고 있다. 어떤 대가를 받고 강의를 하는 것은 아니지만 나를 알릴 수 있는 자리라고 생각한다.

누군가는 나의 팬이 되어 주었고, 나를 선생님이라고 불러 주신다. 살면서 내가 누군가에게 팬이 되고 선생님 소리를 듣게 될 줄은 꿈에도 생각하지 못했다. 새로운 도전을 하니 새로운 수식어들이 내 이름 앞에 붙고 있다.

3개월 만에 이웃 수 5,000명이 되다

지금은 블로그가 가지고 있는 영향력에 대해 잘 알게 되었지만, 처음에는 블로그를 운영하려는 생각이 조금도 없었다. 단지 100일 100장을 하면서 글을 적어 올릴 수 있는 공간으로 선택한 것이 블로그였을 뿐이다. 물론 그전까지는 블로그를 한 번도 해본 적도 없었다.

2023년 7월, 100일 100장을 시작해서 9월까지 아무 생각없이 블로그에 글을 올리기 시작했다. 아무도 내 글을 보러와 주는 사람은 없었다. 나는 상관하지 않았다. 그냥 글을 써서 올릴 곳이 필요했을 뿐이었고, 그게 블로그였을 뿐이니까.

9월이 되면서 문득 궁금해졌다. '다른 이웃님들은 어떻게 글을 적으셨을까?' 다른 분들의 블로그를 방문해 보았다. 글을 보았다. 놀라웠다. 하나의 포스팅에 '좋아요'가 100개가 넘고, 방문자 수가 몇 백 명이 넘는 사람들이 있었던 거다. 신선한 충격을 받았다. 그때까지 내 블로그의 이웃 수는 140명 정도, 하루 방문자가 12~21명 정도였다. 신경을 쓰지도 않았고, 상관이 없다고 생각했기 때문에 이웃 수, 방문자 수는 관심 밖이었다.

문득 이런 생각이 들었다.

'신기하네… 그럼 나도 블로그를 성장시켜 볼까?'

블로그를 운영하는 주제로 쓴 전자책을 그 자리에서 5권 읽었다. 그리고 5권의 책에서 공통으로 추천하는 것을 요약하고 정리해서 내 블로그에 적용시켰다.

그러면서 다짐했다.

'책에서 시키는 대로 했는데, 내일 만약에 100명이 내 블로그에 방문하지 않으면 나는 블로그를 하지 말아야겠다.'

다음날 정확하게 127분이 내 블로그에 방문을 해 주셨다. 너무 신기했다. 나는 그저 책에서 하라는 대로 했을 뿐이었는데, 이렇게 바로 결과가 나올 줄 몰랐었다. 그리고 한 가지 확신하게 되었다.

'아… 블로그는 이렇게 하면 성장을 하는구나!'

그때부터였다. 하루에 1개 정도를 포스팅하던 나는 더 많은 포스팅을 했고, 나만의 방법을 찾기 시작했다. 11월이 되자 이웃이 2,800명으로 늘었다. 그 결과를 보면서 또 하나의 다짐을 하게 되었다.

'좋아, 그렇다면 올해가 지나기 전에 5,000명을 만들어 보자.'

어쩌면 불가능한 도전일 수도 있었다. 하지만 나는 언제나 일단 해보고 판단하자는 성격이었다. 무모한 도전을 시작했다. 블로그 관련 책을 더 읽어 보고 유튜브, 인터넷 정보들을 모으면서 계속해서 공부하기 시작했다.

내가 블로그를 시작한다고 지인들에게 말했을 때 들었던 이야기들이 있다.

"그게 되겠어?"

"블로그 지금 레드오션이야."

"갑자기 무슨 블로그야, 글도 못 쓰는 사람이."

"그게 아무나 되는 게 아니야, 괜히 했다가 아무런 성과도 못 얻을 거야."

그때 확신이 하나 생기게 되었다. 불가능한 일에 도전하면 주위 사람들은 100% 나의 도전에 반대한다. 성공 확률이 적기 때문이다.

그렇지만 나는 신경 쓰지 않았다. 그리고 나 자신에게 말했다.

"된다. 무조건 될 거야. 안 될 수가 없다. 왜냐하면 내가 되겠끔 할 거니까."

그렇게 무모한 도전은 멈춘 적이 없었다. 성공하기 위해 책을 더 읽을 수밖에 없었고, 좋은 문장들을 매일 저장하고 해석하기 시작했다.

그런 노력의 성과들이 조금씩 나타나기 시작하고 있었다. 내가 포스팅을 하는 만큼 블로그는 성장하기 시작했다. 또한 나는 목표를 숫자로 표시하는 것을 좋아했는데, 일 주일 동안에 이루어야 할 목표를 항상 설정하고, 이루기 위한 행동을 하니 불가능한 도전에 성공할 수 있었다.

지금은 어느새 이웃이 8,000명으로 늘었다. 아마 올해가 지나가기 전에 1만 명의 이웃을 만들 수 있다고 생각한다. 나의 경험을 들어 보기 위해 많은 분들이 내가 강의하면 들으러 와 주신다. 또한 블로그에 내 전자책과 강의에 대한 후기를 써 주시면서 나의 영향력은 계속해서 올라가고 있다.

나를 알리기 위해선 SNS의 힘이 필요하다. 오프라인에서 나를 아는 사람보다 온라인에서 나를 아는 사람이 많아질 수록 나의 영향력은 커진다고 생각한다. 내가 어떤 도전을 할 때 큰 힘이 되어 줄 것이다. 시작은 소소하다. 하지만 시작이 없다면 작은 것조차 이루지 못한다. 글을 쓰기로 했다면 블로그를 활용해 자신을 알리는 것은 어떨까?

평범한 어느날 나의 꿈을 알게 되었다

글을 쓰게 되면, 살아오는 동안 겪었던 경험과 여러 상황을 책에서 받았던 인사이트를 통해 자신의 삶에 투영해 생각하게 된다.

'더 좋은 방법이 없을까? 더 나은 결과를 낼 수 있는 시간 활용은 어떻게 해야 할까?'

상상과 창의력이 합쳐지면서 많은 것들을 만들 수 있게 되었다.

'더 빠르게, 기억하기 쉽게 독서를 할 수 있는 방법은 무엇이 있을까? 지금 시대에서 당장 나에게 필요한 책과 정보는 어떤 게 있을까?'

계속해서 고민하고 대안을 찾아 보았다. 그렇게 블로그

글을 쓰는 데도 많이 적용하고 있다.

글을 쓰기 위해서는 온전한 나의 시간과 장소가 필요했다. 누구에게도 방해받지 않고 나만이 가질 수 있는 시간을 자기 자신과 대화를 하는 데 써야 한다고 생각한다. 여러분은 자신과의 대화를 얼마나 해봤는가? 타인과의 대화보다 자신과 대화를 더 많이 해야 한다.

이 세상에서 나보다 나에 대해 잘 아는 사람 있을까? 아마 없을 것이다. 아무리 친한 지인, 부모님도 나에 대해 전부 알지 못한다. 하지만 자기 자신과 대화하지 않는다면 자기 스스로도 자신이 어떤 사람인지 정확하게 알 수 없다.

나는 글을 쓰면서 나와의 대화를 많이 했다. 나만의 장소, 시간을 정하고, 혼자만의 생각에 잠긴 채 계속해서 질문하고 답하고 방법을 연구했다. 앞으로 어떻게 될지 모르는 불투명한 미래가 기다리고 있었지만, 나와의 대화를 통해 지금 당장 할 수 있는 일과 할 수 없는 일을 선별하고, 할 수 있는 일을 더 효과적으로 하는 방법을 고민했다.

자신에 대해 잘 알지 못하는 사람들이 주변에 너무 많았다. "꿈이 뭐냐?"고 물어 보는 질문에 다들 주저하는 모습을 보였다. 나 역시 글을 쓰지 않았다면 살면서 깊게 고민하지 못한 질문일 수도 있다. 스스로 좋아하는 것과 원하는 것이 무엇인지 모른 채 하루하루 살아가고 있음을 깨달았다.

아버지는 군에서 전역을 하신 지 올해로 8년이 되셨다. 연금을 받으면서, 일도 하고 계신다. 어느 날 아버지와 함께 군 생활을 하셨던 후배분이 집으로 놀러 오셨다. 34년을 군에서 보내시고 곧 전역하시는 분이었다.

그분은 아버지에게 고민을 털어놓았다. 군 생활을 34년 동안이나 했지만 앞으로 살아야 할 집과 일자리를 구해야 하는 고민이었다. 일자리는 경비 업무나 택시 기사를 생각 중이시라고 한다.

그분의 이야기를 가만히 듣고 있자니 남 일 같지 않았다.

'그럼 나는? 34년 군 생활을 하고, 연금을 받으면서 경비 나 택시 기사를 해야 하는 걸까? 애초에 34년 동안 군 생활 만 했던 내게 도대체 누가 일자리를 줄까?'

내 앞에 붙은 수식어는 예비역 부사관이 끝이었다. 그 수 식어를 보고 누가 나를 특별한 능력을 가지고 있는 사람으 로 생각하고 같이 일해 줄까?

질문을 계속해서 던져보았다. 아니었다. 내가 생각하는 나의 삶은 그런 게 아니었다는 것을 깨달았다. 연금을 받게 될 시간을 바라보면서 군 생활을 하고 있었을 뿐, 전역 이후에도 계속될 나의 삶에 대해서는 고민을 해본 적이 없었다.

'만족할 수 있을까? 내가 과연 연금을 받으면서 경비나 택시 기사를 하면서 만족하고 살아갈 수 있을까? 100세 시대라면 앞으로 50년 동안 경제 활동을 해야 하는데 계속할 수 있을까?'

고민은 계속됐다.

'NO'라는 결론이 나왔다. 내 앞에 수식어를 붙여 보자는 생각을 하게 되었다. 지금 붙인 수식어들이 있다. 블로거, 인플루언서, 전자책 작가, 코칭 선생님이다. 그리고 이 책을 내게 되면 작가라는 수식어가 하나 더 붙게 될 것이고, 동기 부여 강사를 하면서 강사라는 타이틀을 붙이게 될 것이다. 앞에 붙은 예비역 부사관이라는 명함보다는 일을 할 수 있는 범위가 커지지 않을까?

나라는 사람의 가치를 올려야 한다고 생각했다. 책을 읽지 않았다면 글을 꾸준히 써오지 않았다면 나에게 이런 질문도 던지게 되지 않았을 것이다. 글을 쓰면서 내가 원하는 것이 정말 무엇인지 알게 되었다.

나에 대해 구석구석 알아가는 단계를 거치면서 나는 누구인지, 근본적인 질문부터 정말 죽기 전에 무엇을 이루고 싶은지, 후회하지 않을 것인지, 계속 물어보고 답을 내리기 시작했다. 나의 글은 점점 달라지기 시작했고 나에 대해 정확하게 인식하자 글에 형태나 내용이 달라진 점을 알 수 있게 되었다.

글을 쓰는 동안 자신에게 매일매일 질문해야 한다. 그리고 항상 답을 내려야 한다. 우리는 자신이 가진 것을 제대로 보지 못하고 항상 타인이 가진 것에 대해 신경을 쓰고 살아가고 있다. 내가 가진 장단점은 무엇인지 정확하게 깨달아야 미래를 그려볼 수 있다.

스스로 할 수 있는 일과 하고 싶은 일이 알아야 한다. 아니면 남이 시키는 일만 하면서 살아야 한다고 생각했다. '목표가 없는 사람은 목표가 있는 사람을 위해 일한다.' 라는 문장이 있다. 그게 나였다. 나는 목표가 없는 사람이었다는 것을 깨달았다.

삶의 목표를 아직 찾지 못했다면 이제라도 찾아야 한다.

내가 진짜로 원하는 삶이 무엇인지 안다면 왜 나는 그런 삶을 살면 안 되는지, 안 되는 이유를 생각해 봐야 한다. 경제적인 부분인지, 아니면 도전하는 데 있어 두려움이 앞서기 때문인지.

나는 앞으로 나아가기로 했다. 나 역시 두렵고 불안하지만 도전하기로 했다. 예상되는 삶을 살지 않기 위해, 스스로 되고 싶은 사람이 되기 위해서다. 이 글을 읽고 있는 당신은 어떠한가? 스스로 살고 싶은 삶을 찾기를 바란다.

3부

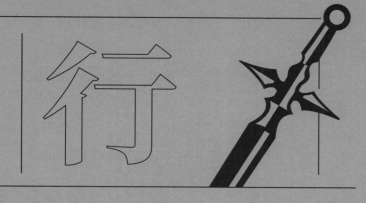

行

목표를 달성하는 방법

작은 목표부터 세우자

나는 어릴 적부터 게으름뱅이였다. 지금은 달라졌지만, 귀찮은 일을 싫어했다. 그리고 인생을 살면서 목표를 생각한 적이 없었다. 하루하루 무미건조한 삶을 살고 있었다. 목표가 없으니 오늘 하루는 무엇을 하고 지낼 것인지 생각해 본 적이 없었다. 그냥 루틴처럼 학교에 가고 수업이 끝나면 집으로 돌아와 친구들이랑 놀면서 늘상 반복되는 하루를 보냈다. 성인이 되고 나서도 달라지지 않았다.

처음으로 군인이 되기로 결심했을 때다. 몸을 만들기 위해 운동을 하기로 목표를 잡았지만 나는 어릴 적부터 살이 찌지 않는 체질이었고 힘도 약했다. 그러다 보니 항상 주눅이 들어 있었고 자세도 구부정했다.

그런 내가 헬스장으로 가서 운동을 하는 것은 쉽지 않았다. 주변 사람들의 시선이 신경 쓰였고 몸도 좋지 않은 나는 운동하는 사람들을 보면서 부러워하기만 했다.

보통 사람들은 큰 목표부터 세운다. 내가 그랬던 것처럼 작은 목표부터 세우고 실행하는 대신 큰 목표를 생각하고 바로 결과가 나타나기만을 기다린다.

몸의 체형을 바꾸기 위해서는 시간이 오래 걸린다. 그런데 나는 운동을 시작하고 당장 내일이 되면 몸이 좋아질 것으로 생각했다. 지금 생각하면 어리석기 그지 없지만 그때는 열심히 운동하면 하루하루 몸이 달라질 것이라고 착각했다.

하지만 결과는 그렇게 나타나지 않았다. 내가 세웠어야 하는 목표는 그냥 꾸준히 운동을 하는 것으로 정했어야 했다. 그런데 나는 조각 같은 식스팩과 몸짱이라는 결과만 바라보았다. 20년 동안 운동이라곤 하지도 않았던 사람이 갑자기 바뀔 리가 없었는데, 목표를 너무 높게 잡으니 실망한 적이 많았다. 당장 바뀌기를 계속해서 바랐지만 몇 달이 지나도 변화가 없자 허탈감과 함께 '나는 운동을 해도 몸이 좋아지지 않는 사람'이라는 부정적인 생각을 하게 되었다.

다행히 주변에 운동을 잘하는 친구들이 많았다. 그래서 목표를 다시 세우기 시작했다. 빈 봉부터 무게를 조금씩 늘려 가자는 목표를 세우고 다시 천천히 운동을 하기로 마음을 먹었다. 그렇게 작은 목표를 세우고 하루하루 성공하는 습관을 만들어 가니 운동에 재미가 붙기 시작했다.

매일 운동을 하고 식단을 조절하자 2년이 지나면서 몸이 점점 좋아지기 시작했다. 내가 기대하고 있던 식스팩을 가지게 되고 체형이 바뀌었다.

그때 나는 작은 목표가 중요하다는 진리를 깨닫게 되었다. 그냥 하루하루 작은 목표를 세우고 달성하면 나중에는 큰 목표를 이루게 된다. 운동을 해서, 다이어트를 해서 좋은 몸을 가지겠다는 목표보다 오늘 하루 운동을 해야겠다. 책을 많이 읽어서 나중에 성공한 사람이 돼야지, 하는 목표보다는 오늘 하루 책을 읽어야겠다. 이처럼 작은 목표들을 먼저 세우는 게 중요하다는 것을 알게 되었다.

목표를 높게 잡으면 부담으로 다가오고 즉각적인 결과가 나타나지 않으니 실망감이 커진다. 지금도 나는 목표를 작은 것부터 세우기 위해 노력하고 있다. 지금 책을 만들고 있는 과정 역시 '한 번에 어떻게 적어야겠다.' 라고 하기보다 '오늘은 몇 페이지만 써 보자.' 라고 생각한다. 그렇게 하루 하루 시간이 지날수록 책은 점점 완성되고 있다.

'독서를 위해 새벽에 일어나서 책을 읽자'가 아니라 '그냥 새벽에 일어나자'는 목표를 세웠다. '새벽에 일어나서 무엇인가를 해야 한다.' 라고 잡으니 더욱 일어나기가 싫어졌다. 그래서 그냥 '6시에 일어나기만 하자.' 라고 생각을 바꾸었다. 출근시간까지 시간이 많이 남으니 그 시간에 운동을 할 수도 있었고 독서를 할 수도 있었다.

만약 내가 무엇인가 하기 위해 새벽에 일어나야 한다고 생각했다면 쉽지 않았을 것이다. 그냥 새벽에 일어나는 작은 목표를 세우자, 다른 목표들은 알아서 채워지기 시작했다.

달리기를 잘하기 위해서는 걷는 법을 알아야 하고, 걷기 위해서는 먼저 일어나는 방법을 알아야 한다. 아직 걷는 것도 하지 못하는 상태에서 달리기를 잘하고 싶다고 한들 불가능하다. 작은 것부터 기본적으로 해야 하는 것들을 지키고 나아가면 자연스럽게 달리기를 할 수 있다.

하지만 사람의 욕심은 그렇지 않다. 바로 달리기를 잘하고 싶다고 생각한다. 작은 것부터 성공하지 못하는데, 어떻게 큰 목표를 달성할 수가 있을까?

작은 목표부터 세워 보자. 오늘 당장 이룰 수 있는 목표를 세워서 달성해 보자. 그렇게 하루하루 목표를 달성하다 보면 큰 목표를 달성하는 날이 오게 된다. 너무 조급하게 마음을 먹지 말고 성급하게 결과가 나올 것이라고 바라지 말자. 급하게 가려고 하면 다른 방법을 찾게 될 수도 있다. 정상적인 방법이 아닌 편법을 쓰면 목표를 달성한다고 해도 의미가 없다. 나중에는 반드시 돌아오게 되어 있다.

예를 들어 책을 집필하겠다는 목표를 세웠다면 작은 목표인 책을 읽고 글을 쓰는 방법부터 시작하면 된다. 글 쓰는 방법조차 모르는 상태에서 어떻게 바로 책을 집필할 수가 있을까? 한 단계씩 발전하는 게 나중에 실패를 경험하게 될지라도 초석이 단단해지는 방법이다. 그러면 실패해도 일어날 힘만은 키우게 된다.. 하지만 편법을 써서 높이 올라갔다고 해도 한 번 무너지게 되면 다시 일어설 힘조차 남아 있지 않을 것이다.

노래를 잘하기 위해서는 음악을 많이 들어 봐야 하고 많이 불러 봐야 한다. 사진을 잘 찍기 위해선 좋은 사진을 많이 보고 구도를 익혀야 하듯이 무엇인가를 달성하기 위해서는 먼저 해야 할 행동들이 있다.

도미노와 같이 작은 시작은 큰 성공을 불러올 수 있다. 내가 지금 할 수 있는 작은 목표를 세우고 성공하는 습관을 들이면 그 성공에 따른 성취감을 느낄 수 있다.

처음부터 잘하는 사람은 없다. 작은 한 걸음이 세상을 바꿀 수 있는 첫걸음이라고 생각한다. 작은 것부터 시작하면서 나는 성장할 수 있었다.

결과가 바로 나타나는 것보다 매일 성장할 수 있는 것이 중요하다. 작은 것부터 도전하고 쉽게 할 수가 있어야 습관이 된다. 첫 단계를 너무 난이도가 너무 높게 시작하면 쉽게 지치게 된다. '단계'라는 단어를 반대로 뒤집으면 '계단'이 된다. 즉 한 계단씩 차근차근 올라가다 보면 언젠가는 목적지에 도착해 있는 자신을 발견할 수 있을 것이다.

작은 걸음이 천 리를 가듯이 작은 목표를 먼저 세워서 달성하는 습관을 들여 보자.

실행이 없으면 아무일도 일어나지 않는다

내 기억 속에 항상 생각하는 문구가 있다. 팀 페리스의 『타이탄의 도구들』에 나오는 말이다.

"할 것인가, 말 것인가? 시도해야 하는가, 포기해야 하는가? 용감하든 그렇지 않든, 우리는 대부분 '하지 않는 쪽을 선택한다. 고민하는 내내 '불확실하다'와 '실패할 것이다.' 라는 문장이 머릿속에서 무서운 경고처럼 떠나기 때문이다. 그래서 우리는 아무것도 하지 않는 '불행'을 선택한다."

인생은 멀리서 보면 간단하다.
'할 것인가 말 것인가?'

이 두 가지밖에 없다고 생각한다. 실행으로 옮기면 결과를 만들 것이고, 하지 않으면 어떤 결과도 얻을 수 없다. 그것뿐이다. 어렵지 않다고 생각한다. 하지만 많은 사람은 생각만 하고 행동으로 옮기지 않은 채로 사는 것 같다.

나는 실천이 얼마나 중요한지 몸소 깨달은 바가 있다.

중학생 시절 처음으로 친구들과 코인노래방에 간 적이 있다. 초등학교 때까지는 노래를 잘 부른다고 생각했는데, 변성기가 온지 몰랐던 내게 한 친구는 "넌 음치니까 노래하지 마라." 라고 했다.

충격이었다. 내가 음치라니? 살면서 한 번도 그런 소리를 들어본 적이 없었다. 만약 내가 노력하지 않는다면 정말 음치인 상태로 삶을 살아가야 할 것 같은 느낌이 들었다. 그 이야기를 들은 날부터 단 하루도 빠지지 않고 혼자 코인노래방으로 가서 계속해서 노래를 불렀다.

노래를 잘하고 싶다는 열정으로 시간만 나면 혼자서 연습을 계속했다. 그 기간은 절대 짧지 않았다. 15살부터 21살까지 단 한 번도 쉬지 않고 노래 연습을 했다. 심지어 대학생 시절 첫 아르바이트를 노래방에서 했다. 이유는 간단했다. 손님이 오기 전까지는 얼마든지 노래를 불러도 된다는 사장님의 배려가 있으셨기 때문이다. 그렇게 대학교 방학 기간에도 나는 노래를 계속해서 불렀다.

시간이 지나 그 친구를 다시 만나게 되었다. 그리고 노래를 잘한다는 소리를 그 친구로부터 다시 듣게 되었다. 만약 노래를 잘하고 싶다고 생각만 했다면 절대로 이루어지지 않았을 것이다. 포기하지 않고 계속해서 행동으로 옮긴 결과라고 생각한다. 생각만 해서는 달라지지 않는다. 실천으로 옮기지 않으면 아무것도 얻을 수가 없다.

나는 배운 것은 바로바로 실행하는 성격을 지니고 있다. 한 번은 인스타그램 릴스를 만들어 보기로 한 날이었다. 요즘은 어떤 영상이 인기가 많고 좋은지 정보를 얻었다. 정보를 얻어도 "그렇구나! 이런 방법이 있구나." 하고 넘어가는 사람들이 많았지만 나는 그렇지 않았다.

1개의 영상을 만들어 보기 위해 주말에 8시간 동안 영상만 계속해서 만들었다. 100개 200개 영상을 계속해서 만들어 보았다. 만약 100개를 만들고 포기했다면 나는 영상을 만들 수 없었을 것이다. 포기하지 않고 계속해서 만들기 시작했다. 그렇게 16시간이 지나고 나서 내가 원하는 영상이 만들어졌다.

배웠다면 바로 실천으로 옮겨야 한다. 실천으로 옮겨서 내 것으로 만들어야 한다고 생각한다. 그런 과정들이 쌓이다 보면 실천의 힘이 얼마나 대단한지 알 수 있다. 운동도 똑같다. 생각으로만, 상상으로만 '내 몸이 좋아지면 여름에 해수욕장에 가고, 워터파크도 가 재미있게 놀아야지.' 하고 끝내면 안 된다. 생각했다면 바로 실천으로 옮겨야 내가 계획한 목표에 다다를 수 있다.

많은 사람이 변화를 두려워한다. 머릿속에 모두가 원하는 것이 있지만 실행하지 않으면 아무것도 바뀌지 않는다. 일단 실천으로 옮기면 결과는 얻을 수 있다. 실패하든 성공하든 결과가 나올 수밖에 없다. 실패했다면 실패를 경험 삼아 새로운 방법을 찾아 보고 성공할 방법을 계속 연구하고 다시 시도해 보면 그만이다. 성공했다면 분석해 보고 한 단계 높은 목표를 세우면 된다. 시도조차 하지 않고 도전도 하지 않으면 아무것도 달라지지 않는다.

나는 블로그와 SNS를 성장시키면서 많은 시도를 해보았다. 물론 성공하지 못한 부분도 많다. 성공하지 못했다면 왜 실패했는지 방법을 찾고 연구해 적용했다.

결과를 얻지 못하면 수정조차 할 수 없다. 에디슨은 전구를 만들기 위해서 300번 이상의 실패를 했다. 어떤 것이든 실패는 디폴트값이 된다. 기본이라는 것이다. 실천으로 옮기지 않는다면 기본값을 알 수 없게 된다.

불안하다, 불확실하다는 이유로 우리는 수많은 기회를 외면하고 있다. 하루가 똑같을 수도 없다. 처음이라서 무섭다고 생각하면 안 된다. 오늘도 나에게는 처음인 날이기 때문이다. 처음이라 두려운 게 아니라 실패했을 때 돌아오는 리스크가 무서운 것이다. 그래서 행동으로 옮기는 데 수많은 고민과 생각으로 시간을 흘려보낸다. 고민한다고 달라진 게 내 삶에 있어서 단 하나라도 있었다면 나는 가만히 앉아서 고민만 하고 있었을 것이다.

작가가 되고 싶다는 생각만 하고 있었더라면 지금 책을 만들고 있지도 못했을 것이다. 이렇게 책을 집필하고 있는 것 역시도 실천으로 옮겼기 때문이다. 블로그에 글을 쓰고 책을 읽고 작가가 되기 위한 준비를 계속해서 해 왔기 때문에 가능한 것이다. 고민만 하고, 어떻게 하면 작가가 될 수 있을지 방법만 계속해서 찾았다면 나는 아무것도 이루지 못한 사람으로 남았을 것이다.

실천으로 옮겨야 비로소 방향이 보이고 방법이 생각난다. 행동으로 옮기기 위해서는 목표가 명확해야 한다. 그래야 우리는 행동으로 옮길 수 있다.

아침에 출근하는 이유는 경제 활동을 하기 위해서다. 그런 목표가 없다면 아침에 피곤한 몸을 이끌고 일을 하러 갈 이유가 없다.

마라톤을 잘하는 방법은 많다. 호흡하는 방법, 달리는 방법, 팔의 각도 등 효율성을 높여 주는 동작들이 있다. 하지만 방법만 연구한 사람과 그냥 하루하루 실천으로 옮기면서 달리기를 한 사람이 있다고 생각해 보자. 누가 마라톤을 완주할 가능성이 클까? 나는 후자라고 생각한다.

방법과 효율성만 찾는다고 달라지지 않는다. 실제로 달리기 연습을 더 많이 한 사람이 마라톤을 잘할 수밖에 없다. 실천으로 옮기면서 자연스럽게 달리는 방법을 깨달을 수 있다. 그래서 어떤 도전이든 방법보다는 실제로 행동하면 더욱 많은 것을 얻을 수 있다. 두려워하지 말자. 우리는 항상 처음인 날을 맞이하면서 살아가고 있다.

성장하고 싶고 삶을 바꾸고 싶다면 바로 실천으로 옮겨라. 블로그를 통해 내가 자주 하는 말이 있다.

"완벽한 타이밍, 조건, 환경은 있을 수 없다. 내가 행동으로 옮기는 그 순간이 완벽한 타이밍이다. 완벽한 준비도 없다. 내가 준비되었다고 생각하면 준비가 된 것이다."

사실 방법은 우리 모두가 알고 있다. 건강해지기 위해서는 운동하고, 지식과 지혜를 얻기 위해서는 독서하고 공부하면 된다. 너무 간단하다. 하지만 그렇게 하지 않는 이유를 스스로 만들고 있다.

오늘은 바빠서, 피곤해서, 다른 것을 해야 해서 등 수많은 핑계들이 찾아온다. 마치 기다린 사람처럼 핑계거리가 나타나면 스스로 타협하기 시작한다. 그러면서 행동으로 옮기지 못하는 이유를 스스로 찾아 적용하고 만족하는 삶을 살고 있을지도 모른다. 방법을 알고 있지만 하지 않는다면 결국 방법을 모르는 것보다 좋지 않다. 몰라서 못 하는 것보다 알지만 하지 않는 것이 내 삶에 더 좋지 않은 영향을 준다.

'패배자라는 생각에 갇혀 나보다 똑똑하고 경험이 많은 사람이나 작가가 될 수 있다고 믿었다.'
_ <되는 사람> 중에서

나 역시 작가가 되고 싶었다.

하지만 내게는 작가로서의 능력이 없다고 생각한 적이 많았다. 주변 작가분들을 보면서 나는 제자리에 머물러 있는 상태라고 생각했다. 특히 친구들을 만나서 이야기를 나누게 되면 내 처지와 비교해 보기 바빴다. 사회 각 분야에서 자리를 잡고 일하는 친구들의 모습이 너무나도 부러웠고, 상황이 나아지지 못하고 머물러 있는 것만 같은 나 자신을 원망한 적이 많았다.

2023년, 호기롭게 나는 "작가가 되겠다. 동기부여 강사의 삶을 살겠다."라고 말했지만 정작 이루어진 것은 없었다. 아무런 결과를 낼 수 없으면 내 꿈은 그냥 망상에 불과하다. 혼자서 책을 만들어 보겠다고 생각하고 고민만 했다. 아직 내가 어떤 스토리를 가지고 있는지, 내가 가진 것이 무엇인지 나 자신도 알지 못하고 있는 상태였다.

매일 독서를 하고, 글을 쓰기로 다짐하고 실천으로 옮겼다. 글쓰기 실력이 늘어나고 있는지 충분한 지식과 지혜가 쌓였는지 확인할 길은 없었다. 내가 할 수 있는 것은 블로그에 글을 쓰고 읽고 싶은 책을 읽는 것밖에 없었다. 의심이 들기 시작했다. 매일 글을 쓰고 있지만 내가 책을 낼 수 있을지 두려웠다.

불안하면 더 열심히 준비할 수밖에 없다는 말을 듣고 글을 쓰는 시간을 늘리기 시작했다. 걱정과 불안에 사로잡혀 행동으로 옮기지 않았다면 어떤 결과도 얻을 수 없었지만 나는 계속해서 실천으로 옮겼다. 매일 온라인으로 강의를 듣고 세미나에 참석하고 작가분들을 만나기 위해 노력했다.

나의 작은 행동과 실천들의 결과가 이제야 나에게 힘이 되어 주고 있다. 행동으로 옮겨 결과를 만들어 내고 결과에 따라 다른 행동으로 옮기면 언젠가는 내가 원했던 목표에 가까워진 나 자신을 발견할 수 있을 것이다.

실천이 가져 오는 힘을 느껴 보기 바란다. 실천하는 사람만이 변화할 수 있다. 생각만 해서는 안 된다. 지금 생각하고 있는 게 있다면 바로 실천으로 옮기자. 작은 변화라도 좋다. 책 한 페이지만 읽어도 상관이 없다. 행동으로 옮겨서 원하는 결과를 얻기를 바란다.

하루 계획이 일 년을 바꾼다

새해 목표는 세울 수 있었다. 반 년, 한 달, 일주일 계획도 세울 수 있었다.

'새해에는 멋진 몸을 만들고 자격증을 취득하겠다. 그리고 독서도 열심히 하고, 저축도 많이 하고, 술 마시는 날은 줄이고, 자기 계발에 시간을 많이 쓰겠다.'

하지만 정작 새해 목표를 이루기 위한 하루 계획은 세우지 않았다.

나도 그냥 막연하게 '작가가 되겠다. 동기부여 강사가 되겠다.' 라는 큰 목표를 세웠지만 목표를 달성하기 위한 하루의 계획은 세우지 않았었다. 하루가 쌓여 일주일, 한 달, 1년이 되는 것인데, 작은 것부터 세우지 않았으니 한 달이 지나도 목표에 다가가고 있다는 느낌이 들지 않았다. 그래서 그날 하루 해야 할 일들을 계획하기로 했다. 독서하기, 블로그에 글쓰기, 온라인 강의 듣기, 새벽에 일어나기 등 작가가 될 수 있는 효율적인 방법들을 생각했다.

하루를 성공적으로 살면 미래는 바뀐다. 현재를 충실하게 사는 것이 미래를 바꾸는 첫 번째 일이라고 했다.

하루의 목표는 어떻게 세우고 있는가? 오늘을 어떻게 보낼지 생각하고 살아야 한다. 생각 없이 살아가면 사는 대로 생각한다. 하지만 생각하고 살아가면 생각하는 대로 살아간다고 한다.

현재에 집중해야 한다. 미래에 집중하면 현재를 놓칠 수 있다. 목표를 이룬 그 순간도 결국에 내 삶에 있어서 하루일 뿐이다. 그동안 내가 어떻게 하루를 살아왔는지가 미래를 정해 준다.

나는 목표를 먼저 정해 놓는다. 그리고 다시 단계적인 목표를 정한다. 간단하게 생각하지 않는다. 나의 목표는 베스트셀러 작가이자 최고의 동기부여 강사다. 그렇다면 최종 목표는 선한 영향력을 가진 강사가 되는 것이었다. 그냥 계획을 세웠다면 강사가 되기 위해서 스피치 학원에 다니고 CS 강사 자격증을 취득했을 거다.

하지만 그렇게 생각하지 않았다. 강사들이 어떻게 강사가 되었는지 그 과정을 분석했다. 대부분 강사는 자신의 가치를 높이기 위해서 책을 출간하고 영향력을 먼저 키우는 시간을 가졌다고 했다. 나 또한 강사가 되기 위해서는 베스트셀러 작가로 등극하는 것이 선행되어야 한다고 판단했다.

작가가 되기로 결심했지만, 작가들은 어떻게 작가가 되었는지 분석해 보았다. 많은 방법이 있었지만 블로그에 글을 올리기 시작하면서 블로그에 올린 글을 책으로 출판해 작가가 되는 방법이 대부분이었다. 접근하는 방법 자체는 간단해 보였다. 나는 작가가 되기 위해 블로그에 글을 적기 시작했다.

100일 100장을 하기 위해 블로그를 시작했지만, 시간이 지나면서 작가가 되기 위한 글을 쓰기 시작했다. 내가 할 수 있는 것은 하루에 글을 3개 이상 적는 거였다. 그게 다였다.

그걸 하루도 거르지 않고 실행하는 거였다. 그렇게 하면 언젠가 작가가 될 수 있을지도 모른다고 생각했다. 강사가 되기 위해선 작가가 되어야 했고, 작가가 되기 위해서는 블로그에 글을 계속 써서 올려야 하는 것이었다.

하루에 내가 해야 할 목표가 정해졌다. 간단한 목표였다. 하루에 3개 이상 블로그에 글을 적으면서 글 쓰는 실력을 키우는 게 내가 선택한 방법이다. 하루 목표를 채우기 위해서는 다시 선행되어야 할 게 있었다.

글은 그저 아무것도 하지 않는데, 그냥 써지는 것이 아니다. 독서를 해야 했다. 글을 쓰기 위해서는 책을 읽어 인풋을 해야 한다.

하루치의 목표를 세우고 채워가기만 하면 된다. 어렵게 생각할 필요는 없다. 그렇게 나는 독서를 하고 블로그에 글을 적었다.

오늘은 두 번 다시 오지 않는 날이라고 생각하고 어떻게 의미 있게 보낼 수 있을지 생각해야 한다. 하루 운동을 했다고 몸이 달라지지는 않는다. 독서를 하루 한다고 해서 역시 달라지지 않는다. 하루를 열심히 한다고 아무것도 달라지지 않는다.

하지만 매일 쌓이게 되면 나중에는 큰 변화를 몰고 온다. 나는 하루에 한 권을 읽었다고 했다. 하루 읽었다고 삶이 변화했을까? 아니다. 전혀 그렇지 않았다. 그렇다면 일주일 읽었다고 삶이 변했을까? 역시 그렇지 않았다. 하루가 쌓이면서 내가 읽은 책이 백 권이 넘게 되었다. 그러면서 변화가 찾아오기 시작했다. 글을 적는 것도 마찬가지다. 하루에 글을 한 꼭지 적는다고 해서 사람들이 내 글을 봐 주러 오지 않았다.

많은 시간이 지나서야 사람들이 내 글을 보러 와 주기 시작했다. 매일매일 쌓아가는 시간의 힘이 이처럼 강한 것이다.

가장 특별한 재능은 꾸준함이라고 했다. 내가 무서워하는 사람들이 있는데, 매일 자신이 해야 하는 것을 지켜나가는 사람들이다.

내가 아는 후배 중에 운동을 하루도 빼먹지 않고 하는 친구가 있다. 나는 핑계를 대면서 운동을 빼먹고는 해서 더욱 그 후배를 보며 대단하다고 느끼고 있다. 운동을 해야 하는 이유는 알고 있지만 바쁘다는 핑계로 하지 않았다.

그 친구에게 물어봤다.

"어떻게 하면 매일매일 그렇게 운동을 할 수가 있어?"

답은 의외로 간단했다.

"그냥 하는 겁니다. 따로 생각하지 않고 그냥 하는 겁니다."

간단한 대답이었지만 나에게 준 충격은 상당했다.

그냥 하는 거라니? 나는 운동을 하기 위해 수많은 고민을 하고 준비도 해야 한다. 마음속으로 '오늘은 운동을 하러 꼭 가야지.' 하고 다짐을 하지 않으면 갈 수가 없었는데, 이 친구는 그냥 가는 거였구나.

그러면서 나도 그냥 해야 하는 것들이 무엇이 있는지 생각을 하게 되었다.

"블로그에 글을 그냥 적어 보자. 그냥 해보는 거야."

그냥 하듯이 글을 적는다면 큰 효과가 있을 것으로 생각했다. 시간이 어느 정도 지나자 성과가 나타나기 시작했다. 그냥 했을 뿐이다. 하루에 해야 할 것을 미루지 않고 했던 결과가 나중에 나타나기 시작했다.

매일 달리기를 하는 사람 중에 건강하지 않은 사람은 없다. 매일 독서하고 공부하는 사람들은 현명한 선택을 할 수 있다. 매일 무엇인가 꾸준하게 한다는 것은 매일 나를 통제하는 능력을 기르고 있다는 뜻이다. '해야 할 일을 한다.' 아주 간단하고 쉬운 방법이지만 끝까지 유지하는 사람은 의외로 많지 않다. 성공하는 사람들의 공통점은 매일 자신이 해야 할 일을 하는 거다.

산 정상에 오르기 위해서는 어떻게 해야 할까? 간단하다. 한 걸음씩 나아가면 된다. 보도 섀퍼의 『멘탈의 연금술』에는 이런 내용이 적혀 있었다.

미국에서 실제 있었던 일이다.

한 70대 할머니가 뉴욕에서 마이애미까지

약 2,000킬로미터를 걷는 데 성공했다.

기자들이 몰려와 할머니에게 물었다.

"어떻게 이런 굉장한 일을 해낼 수 있으셨나요?"

할머니가 답했다.

"나는 항상 한 걸음씩 걸었다오. 별로 어렵지 않았지.

한 걸음 걸은 다음 다시 한 걸음 걸었고, 다시 한 걸음

걸었을 뿐이라오. 그런데 왜들 이렇게 호들갑인지?"

이것이 삶의 유일한 비법이다. 유일한 기적이다.
유일한 매직이다.

나는 이 문장을 보고 하나의 기억이 떠올랐다. 천리행군이라는 훈련. 400km를 걸어야 한다. 부사관이 된 지 얼마 되지 않았을 때 바로 그 천리행군을 하게 되었다.

"400km를 내가 걸어갈 수 있을까?"

살면서 한 번도 걸어본 적이 없는 거리라서 이제 막 군인이 된 나는 많은 부담을 느끼고 있었다. 40km는 경험이 있었지만, 그에 10배에 해당하는 거리를 걸어야 하는 것이었다. 40km도 무척이나 힘들었던 기억이 나는데, 400km를 걸어야 한다고 생각하니 걱정이 많이 되었다.

그래서 생각을 바꾸었다. 400km 걸어야 한다는 생각은 하지 말고 그냥 하루에 40km만 걸어 가자! 하루에 걸어야 하는 거리만 채워 보자! 그렇게 생각하니 부담이 조금 줄었다. 그렇게 생각하자 마음이 한결 편해졌다. 그리고 하루 걸어야 할 거리를 걸었을 뿐이었는데, 어느새 천리행군을 완주하게 되었다.

인생도 비슷하다는 생각이 든다. 내가 이루고자 하는 최종 목표만 생각하면 아득하게 멀어 보인다. 하지만 하루하루 내가 해야 할 것들을 꾸준히 하다 보면 어느새 목표에 가까워진 자신을 발견할 수 있게 된다. 그래서 하루가 더 소중하다는 것이다.

하루를 어떻게 보낼지 항상 생각하면서 살아가자. 생각하는 대로 하루의 주도권을 넘겨 주지 말고 내가 주도해서 하루를 살아가도록 하자.

잘못된 선택은 없다

아침부터 우리는 선택의 갈림길에 선다. 알람이 울리면 지금 일어날 것인가? 아니면 5분이라도 잠을 더 잘 것인가 생각한다. 과거 선택의 결과들이 모여 지금의 내가 있다. 그리고 과거의 선택은 그 당시 상황에서 최고의 선택이었을 것이다.

우리는 인간이기 때문에 후회할 수밖에 없고, 후회는 아무리 빨라도 늦다고 한다. 내가 그 당시 다른 선택을 했다면? 후회하는 날도 있었다.

하지만 시간은 되돌릴 수 없는 법이다. 이미 지나버린 선택에 대해 후회한다고 바뀌는 것은 없었다. 선택에 따라 결과는 달라진다. 하지만 잘못된 결정은 존재하지 않는다. 그저 다른 선택을 한 것뿐이다. 이걸 해볼까? 저걸 해볼까? 결과는 다르겠지만 잘못되지 않았다는 것이다. 다른 결정보다 좋은 결정일 뿐 잘못된 결정은 아니다.

학생 때 공부 좀 열심히 할걸, 운동을 열심히 해서 좋은 몸을 만들걸, 하는 것처럼 후회는 있을 수 있다. 하지만 그 시간으로 돌아간다고 해도 아마 같은 선택을 했을 것이다.

나는 결정할 때 스스로 질문한다. 이 결정을 했을 때 내가 책임질 수 있는 결정인가? '그렇다.' 라는 생각이 들면 고민하지 않고 결정한다.

결정하지 못하고 시간을 흘러가게 두는 것이 너무 아까웠다. 결정해야 한다면 빨리 결정해서 그에 맞는 준비를 하면 된다. 성공과 실패는 내가 선택한 다음 행동이 결정해 줄 것이다.

결정을 잘 내리지 못하는 사람들의 특징은 최고의 타이밍과 준비가 완벽하게 되기까지 기다리기만 한다는 것이다. 결과가 두려워서 결정하지 못 하는 사람들도 많다. 결정하지 않으면 준비할 수 없다. 인생에 있어 중요한 결정은 빨리 내려야 한다. 결정하면 준비할 수 있다. 그렇지 않으면 준비조차 할 수가 없다.

시간은 되돌릴 수가 없기에 어떤 결정이든 한 가지만 선택할 수 있다. 어떤 것이 더 좋은 결정인지 현명한 결정인지는 자신만이 알 수 있다. 그리고 현명한 결정을 위해서는 다양한 지식을 쌓고 정보를 얻어서 하면 된다.

나 역시 과거에는 결정하기까지 오랜 시간이 걸렸다. 불투명한 미래와 그에 따른 불안. 이것이 올바른 결정일까? 혹시 잘못된 결정은 아닐까? 결정을 내리기가 두려웠고, 그래서 결정을 미루고 미뤘다.

하지만 이제 결정을 빨리 내리는 것이 얼마나 중요한 것인지 깨닫게 되었다. 내가 작가가 되겠다는 목표를 세우고 그 길을 가기로 결정하지 않았다면 아무것도 하지 못했을 것이다.

작가가 되자고 결정했기 때문에 책을 읽고 글을 쓰고 책을 만드는 것이다. 할까? 말까? 고민의 갈림길에 서 있기만 했다면 책을 읽고 글을 쓰지 않았을 것이다.

보도 섀퍼는 『이기는 습관』에서 이렇게 말했다.

"결정을 자꾸 미루는 이유는 자기 자신을 신뢰하지 못해서다. 중요한 결정을 미룰수록 현재의 삶은 취약해진다. 빨리 중요한 결정을 해야 한다는 압박감에 눌려 계속 고민과 생각만 많아진다. 결국 꼭 내려야 할 중요한 결정이 불가능해지는 상황에 이르고 만다."

결정하지 못한다는 것은 자기 자신을 신뢰하고 있지 않다는 뜻이다. 이 결정을 하고 나서 내가 해낼 수 있는지 확신이 서지 않기 때문에 계속해서 결정을 미룬다. 성공한 사람들의 특징 중 하나는 중요한 결정일수록 빨리 내린다는 것이다. 결정하고 성공할 수 있는 행동으로 바로 옮긴다.

나 역시 그랬다. 13년의 군 생활을 그만두고, 작가가 되고, 인플루언서 삶을 살겠다고 결정하는 데 많은 불안감이 있었다. 내가 이 결정을 했을 때 정말 후회하지 않을까? 자신에게 물어 보았고 결정했다. 그리고 그 결정이 올바른 결정이 될 수 있게 지금까지 계속해서 노력하고 있다.

이미 정해진 결정을 되돌릴 수는 없다. 결정을 번복하면 지금까지의 노력이 물거품이 된다. 나는 자신을 신뢰하고 결정했다. 지금까지 내가 이루었던 것들을 생각해 보았다.

몸이 좋지 않은 시절 운동을 포기하지 않고 했던 모습, 음치라는 이야기를 듣고 노래를 잘하기 위해 10년을 노력했던 경험들이 결정을 내리는 데 큰 힘을 주었다. 나는 결정하게 되면 반드시 목표를 달성할 수 있게 행동하는 성격을 가졌다는 것을 알게 되었다.

가보지 못한 길을 걸어야 하는 불안감과 현재의 삶을 비교하면 더욱 선택하기 힘들다. 지금 삶에 만족하고 있다면 굳이 위험한 선택을 할 필요는 없다. 하지만 미래가 불안하다는 이유만으로 선택하지 않는다면 불행한 삶을 유지하겠다고 선택한 것이나 마찬가지다. 현재의 생활에 만족하지 못하고 내가 싫어하는 일을 평생 하면서 살아야 한다는 생각이 나를 변화시켜 주었다.

많은 사람은 하고 싶은 일이 있어도 선뜻 결정하지 못 한다. '지금보다 나은 삶을 살지 못하면 어떡하지? 지금보다 좋지 않은 환경이라면? 그래, 그냥 이대로 살자. 지금 하는 일 말고 내가 할 수 있는 일이 얼마나 있을까?'

지금의 모습과 불안한 미래를 비교하면서 원래의 모습으로 돌아가려고 한다. 그렇게 하면 적어도 나의 마음은 편안하기 때문이다. 정말인가? 만족하는가? 지금의 삶보다 좋을지, 좋지 않을지 아무도 모른다. 미래는 내가 개척하는 것이다. 지금과 같이 살아간다면 앞날이 뻔하지 않겠는가. 미래가 희망으로 가득차 있어야 하는데, 예측할 수 있는 삶을 살아가면서 내가 만족할 수 있는지 스스로 물어 봐야 한다.

결정을 미루겠다는 것은 결정하지 않겠다는 것이다. 미래의 불안보다는 지금의 불행을 선택하는 것일 수도 있다. 모든 도전에는 실패가 따른다. 단지 그런 이유로 내 삶을 바꿀 수 있는 결정을 하지 않을 것인가?

성공하는 방법은 많고 실패하는 방법도 많다. 결정하지 않는다면 실패도 성공도 할 수 없다. 지금의 삶을 그대로 살아가야 한다.

인생이 걸린 결정이 아니라도 좋다. 운동, 공부, 독서, 인생을 발전시킬 방법들을 알고 있다.

하지만 역시 결정하지 않을 수도 있다. 지금처럼 살기로 나와 타협했기 때문이다.

내 삶의 주도권은 나에게 있다. 가끔 이런 사람들이 있다.

내 삶을 결정하게 될 중요한 결정인데, 남에게 선택권을 주는 사람들이다.

"이걸 해보려고 하는데, 어떻게 생각해? 이걸 하면 성공할 수 있을까?"

그리고 남의 조언과 충고에 따라서 선택한 결정을 번복한다. 마치 자신의 결정을 만류해 주기를 바라는 것처럼 자신에게 이야기한다.

타협해야 하는 것은 따로 있다. 내가 가진 선택권을 남에게 주어서는 안 된다. 조언과 충고는 내가 가는 방향을 틀기 위해서 물어 보는 게 아니다. 속도를 조절하기 위해 하는 것이다. 타인의 말에 따라 결정을 번복하면 안 된다.

어떤 길로 가든, 내가 원하고 있다면 목적지에는 도달하게 된다. 더 편한 길, 지름길은 없다. 결정하고 결과를 책임지기 위해 하루하루를 열심히 살아가는 방법밖에 없다. 편법은 통하지 않는 곳이 세상이다. 오로지 정면으로 나아가야 한다.

잘못된 결정은 없다. 다른 결정이라는 것을 명심하자.

나에게 내일은 없다

살면서 가장 많이 해본 거짓말이 있다.

"내일 해야지."

오늘은 바빠서 못했으니 내일 하면 되겠지? 내일이 있어 오늘 하지 않아도 된다는 거였다. 책을 읽고 글을 쓰기 전에는 항상 나 자신에게 했던 거짓말이었다.

오늘도 하지 못했는데, 내일 과연 할 수 있을까? 아닐 것이다. 해야 하는 일을 미루는 순간 미루어 두었던 것을 가지러 가기 위해서는 뒤로 갈 수밖에 없다. 매일 그렇게 살아왔던 것 같다. 해야 하는 것을 알지만 그렇게 하지 않았다.

자격증을 준비할 때도 마찬가지였다. 아직 시간이 많이 남았다는 핑계만 찾았다. "아직 석 달 남았는데." 그렇게 두 달, 한 달, 몇 주가 남지 않아 조급함이 느껴지자, 그제야 공부하기 시작했다. 미루는 습관이 언제 어떻게 해서 생긴 건지 기억나지 않지만, 어느새 내가 제일 잘하는 특기 중 하나가 되어 있었다.

과연 나만 그럴까? 무엇을 준비하고 있을 때 당장 코앞으로 다가왔을 때가 되어서야 시간이 없다는 걸 인지해 왔던 것은 아니었을까?

우리는 대개 발등에 불이 떨어져야 비로소 움직이는 습관을 지니고 있다. 그렇지 않은 사람도 있겠지만 대부분 그렇게 살아가고 있다. 조금 더 일찍 준비할 걸, 시간이 이렇게 빨리 지나갈 줄 상상도 하지 못했다고 자신을 위로하듯 말한다. 그동안 그냥 흘러갔던 시간이 주마등처럼 스쳐 지나간다. 이미 늦었지만 어떻게든 해보려고 안간힘을 쓴다. 하루하루 준비를 철저하게 했다면 좋은 결과가 있었을 건데 뒤늦어서야 후회한다. 시간이 아직 많이 남았다고 생각하고 '나중에 준비하면 되지 내일 하면 되지.' 라는 마음은 우리 모두가 가지고 있는 심리다.

우리는 내일이 있다는 착각 속에 살고 있다고 한다.

유튜브에서 이런 영상을 본 적이 있다. 스크루 테이프의 『편지』라는 책에 있는 내용을 요약해 주는 동영상이었다.

스크루 테이프의 『편지』는 삼촌 악마가 인간을 괴롭히는 방법을 조카 악마에게 알려 준다.

내용은 이렇다.

"인간에게 최고의 계획을 알려 주고 모든 것을 알려 주어라 그러고 나서 마지막에 이 말을 전해라 내일부터 해라. 오늘 자고 일어나면 내일은 오늘이 될 수밖에 없다. 인간에게 내일은 절대로 오지 않는다."

어떤가? 내일을 맞이한 적이 단 한 번이라도 있을까? 나는 단 한 번도 내일을 맞이한 적이 없다. 우리는 항상 오늘을 살아가고 있다. 내일 해야겠다는 말은 맞지 않는 말일 수도 있다. 자고 일어나면 결국 오늘 해야 하는 일이다. 그런데도 우리는 내일이 있다고 굳게 믿고 할 일을 계속해서 미루기 시작한다.

한번 미루는 게 어렵지, 미루고 나면 어느새 습관이 되어 있다. 중요한 일인데도 미루기 시작한다.

나도 그랬었다. 시간이 많이 지나서야 깨달았지만, 내일은 존재하지 않았다. 계속 오늘을 사는 나를 발견하게 되었다. 그때부터 나는 지금 해야 할 일을 미루지 않기로 했다.

오늘 써야 하는 글을 쓰고 읽어야 하는 책을 읽어 나가기 시작했다. 하기 싫은 날도 있었다. 힘들고 피곤한 날도 많았다.

하지만 지금 하지 않으면 다음 날 내가 해야 하는 것은 2배로 늘어날 것을 알고 있었다. 오늘 하지 않으면 두 번 다시는 돌아오지 않는 시간이라고 항상 생각했다. 지금 하지 않으면 같은 기회는 나에게 두 번 다시 오지 않는다. 오늘이 가장 중요한 날이고 오늘이 나에게 있어 가장 젊은 날이다.

시간은 계속해서 흐르고 있다. 세월을 돌아보면 어느새 저 멀리 와 있었다. 그때 하지 못했던 것들이 항상 마음속에 남아 있었다. 죽기 직전에 사람들이 항상 공통으로 하는 말이 있다고 한다.

'그때 왜 도전해 보지 않았을까? 그때 경험을 많이 해볼걸.'

금 중에서 가장 비싼 금은 '지금'이라고 생각한다. 지금 하지 않으면 할 수 없다. 오늘 하지 않는다면 내일 역시 할 수 없다. 당장 편안함을 찾기 위해서 즉각적인 보상을 얻고 싶은 마음은 누구나 한다. 퇴근하면 쉬고 싶은 생각이 머리 끝까지 차오르는 날도 많았다. '고생했으니까, 일하고 왔으니까, 책을 읽고 글 쓰는 것은 오늘 하루쯤 쉬어도 되지 않을까? 그냥 오늘만큼은 평소와 같이 맥주를 마시면서 영화를 한 편 봐도 괜찮지 않을까?' 이런 생각들이 내 머릿속에 항상 맴돌았다.

성공한 사람들을 하루를 정말 중요하게 생각하고 허투루 보내지 않는다고 했다. 시간에 대한 소중함과 주어진 하루가 얼마나 큰 가치를 지니고 있는지 알기 때문이다.

하루아침에 갑자기 성공하는 사람은 드물다. 많은 과정을 겪으면서 현재 누리고 있는 성공의 열매를 거둘 수 있었다. 하루를 충실하게 사는 자는 미래 역시도 밝을 것이다. 하루를 의미 있게 보낸 사람은 항상 의미 있는 날을 맞이한다. 생각하고 하루를 보내는 사람과 그냥 보내는 사람의 하루는 가치가 다르다.

나는 어제의 나를 항상 넘어서는 사람이 되고 싶었다. 어제보다는 발전한 하루를 살기를 원했고 그렇게 행동했다. 시간이 남으면 항상 책을 읽었고, 퇴근을 한 후에는 글을 적었다. 그게 조금이나마 어제의 나를 넘어서는 방법이었다.

내일이 있다고 생각하면 미룰 수밖에 없다. 오늘 당장 글을 적지 않는다고 해서 나에게 큰 변화가 오지 않을 수도 있다. 오늘 독서를 하지 않는다고 해서 지식이 떨어지거나 하지 않을 수도 있다. 하지만 오늘 책을 읽고 글을 쓴다면 적어도 어제보다는 발전한 내가 될 수가 있다. 이제 나는 내게 주어지는 모든 시간을 정말 소중하게 생각하면서 하루를 보내고 있는 중이다.

누군가를 만나는 것 역시 같다. 누군가와 저녁 식사를 한다는 것은 서로의 시간을 사는 것이다. 그 사람의 하루 중에 몇 시간을 사는 것이라고 했다. 돈으로 살 수 없는 것이 시간이고, 값으로 매길 수 없는 것도 시간이다.

나도 예전에는 오늘 하루는 어떻게 보내야 할지 생각조차 하지 않았다. 남들과 같이 출근, 퇴근하고 하고 싶은 것을 하면서 지금까지 살아왔다. 발전할 수 있는 기회들을 그 냥 가만히 앉아서 지켜 보고 있었다.

주말에는 나에게 더 많은 시간이 주어진다. 글을 더 오래 적을 수도 있고 책을 더 오래 볼 수도 있는 시간이다. 출근 하지 않으니 모든 행동에 의미를 두고 하루를 보낼 수 있었 다. 예전에는 그렇지 않았다. 쉬고 놀 생각밖에 하지 않았 다. 내일이 주말이니까 오늘은 맥주를 마시면서 영화도 보 고, 게임도 하고, 늦게 자도 상관이 없는 날로 정한 날이 많 았다. 주말에는 평소보다 늦게 일어났고 무의미한 시간을 보냈다.

주말이라는 이유로 놀고 쉬는 데 모든 시간을 사용했다. 만약 예전으로 돌아간다면 절대 그렇게 하지 않았을 것이 다. 하루의 소중함을 알게 되어 주말에는 평소보다 책을 더 많이 읽고 글을 더 많이 적어 보려고 노력하고 있다.

내일은 결국 오늘이 될 수밖에 없다. 어제 역시도 내일이 었다. 내일을 생각해서는 안 된다. 오늘 해야 할 일을 하면 된다. 그게 성공하는 방법의 하나다. 내일로 미루는 것을 절 대로 가볍게 생각해서는 안 된다. 오늘이 아니면 할 수 없다고 생각해야 한다. 내일로 미루는 버릇이 되면 습관이 될 수가 있다. 나에게 중요한 일이라면 내일로 미루지 않는다.

중요한 일은 내가 정하는 것이다. 남들이 봤을 때 중요해 보이지 않아도 내가 중요하게 생각하면 중요한 일이다. 그것이 운동이든 독서든 나를 발전시켜 주는 것이 중요하다. 미루지 말자. 미루는 순간 오늘 해야 할 일이 늘어날 뿐이다.

하루부터 리셋하라

우리는 변화를 두려워한다. 지금까지 별 탈 없이 인생을 살아온 우리는 이미 안정감과 편안함에 취해 있다. 변화는 불확실성을 동반하고 있어 미래에 대한 확신이 없으면 굳이 변화하려고 하지 않는다. 새로운 환경에서 새로운 것들을 배워야 하고, 적응하는 데 있어 스트레스를 받기 때문이다. 특히 변화한다는 것은 받아들이는 과정에서 기존에 해왔던 모든 방식을 버려야 한다는 걸 의미한다

　나도 새벽에 일어나 책을 읽기로 다짐했을 때는 많은 유혹이 내 머릿속으로 들어왔던 적이 있다. 내일부터 새벽에 일어나 독서하고 자기계발을 해야겠다는 다짐으로 잠자리에 들었다. 새벽에 알람이 울리게 되면 내 머릿속에서 이야

기한다.

"아직 너무 이른 시간이야. 피곤한데 갑자기 무슨 바람이 들어서 새벽에 일어나서 공부하려고 하는 거야. 그냥 평소대로 더 자도 돼. 여태까지 그래 왔는데, 별일 없이 잘 지냈잖아?"

나는 그 말에 동조하면서 알람을 끄고 잠이 들었던 적이 많았다. 이처럼 갑작스러운 변화는 불편함과 스트레스를 유발하고, '굳이 내가 힘들게 새벽에 일어나야 하는 건가?'라는 의문을 스스로 품게 해 준다. 그러면서 타협할 핑계거리를 찾게 된다. 성공하는 삶을 살고 싶다면, 적어도 지금의 삶에 만족하지 않는다면, 당장 변화를 주어 조금 더 삶을 윤택하게 발전할 수 있는 태도로 바꾸어야 한다.

변화를 두려워해서는 안 된다. 변화는 자연스러운 현상이다. 우리 주변에 모든 것은 시간이 지남에 따라 변화한다. 생물학적, 사회적, 경제적 상황 등 다양한 측면에서 변화가 이루어지고 있다. 지금은 더 빠르게 변화하는 사회이다. AI의 등장으로 이제는 인간이 해야 할 일들을 로봇들이 대신해 주는 시대가 되고 있다. 변화에 적응하기 위해서 변화해야 한다.

제자리에 머물러 있었던 적이 많았다. 변화에 대한 필요성을 느끼지 못한 적도 많았고, 성장하고자 하는 욕구 자체가 없었다. 하지만 누군가는 세상에 변화에 맞춰 한 걸음 나아가고 있고, 누군가는 지금의 안락한 삶에 취해 변화하지 않으려고 한다. 지금의 삶이 만족스럽지 않다면 나부터 변해야 한다.

예전의 나는 힘들고 괴로울 때면 세상을 많이 미워했었다. 나에게만 좋지 않은 일이 생기는 것 같고 세상이 나를 힘들게 한다고 생각했다.

'내 삶은 왜 이렇게 되었을까?'

'세상은 왜 살기가 힘들까?'

그러면서 항상 환경을 탓했다. 자연스럽게 불평불만도 많아질 수밖에 없었다. 세상은 그대로 있었다. 아무것도 변한 것은 없었다.

우연히 책을 접하게 되면서 내 생각과 사고가 달라졌다. 내가 올바르게 생각하고 행동하니 세상이 좋아 보이기 시작했다. 새로운 사람들을 만나고 글을 쓰면서 생각이 정리되었다. 만약 '나는 왜 삶이 바뀌지 않을까?' 하면서 신세 한탄만 하고 살았다면 역시 아무것도 변하지 않았을 거다. 내가 바뀌고 세상이 바뀌자 내가 세상이라는 것을 깨닫게 되었다.

아무것도 하지 않는다면 역시 아무것도 변하지 않는다. 개리 비숍의 『시작의 기술』에는 이런 내용이 나온다.

"결정의 순간이 왔을 때 최선은 옳은 일을 하는 것이다. 차선은 틀린 일을 하는 것이다. 최악은 아무것도 하지 않는 것이다. 당신이 저지를 수 있는 최악의 행동은 목표를 빗맞히는 게 아니라 목표를 쏘지 않는 것이다."

변화가 두렵고 미래가 불확실해서 아무것도 하지 않는 것을 선택하는 사람들도 많다. 지금 불만족스러운 삶을 살고 있음에도 바꾸려는 노력조차 하지 않는다. 즉각적인 보상, 단기적인 보상심리가 우리에게 더 크게 다가오기 때문이다.

삶은 변화시키기 위해서 내 시간을 불편한 곳에 써야 한다. 영화를 보고, 늦잠을 자고, 노는 것은 나에게 있어 편한 행동이지만 나를 발전시켜 주는 행동은 아니다. 불편한 것들, 공부하고 독서하고 운동하고 자신을 고통스럽게 하는 행동들이 나를 성장시켜 줄 수 있다.

하지만 대부분 고통을 선택하지 않는다. 나도 그랬다. 소중한 기회들이 계속해서 나에게 주어지고 있지만 변화할 필요성을 느끼지 않는다. 그리고 시간이 지나면 후회하는 일이 빈번하다.

'어느 날 체중계에 올라가 보니 생각보다 살이 많이 불어나 있고, 통장 잔액을 보니 얼마 남지 않았다. 그동안 나는 무엇을 하고 지내왔던 걸까? 지금에 와서야 운동의 필요성을 느끼고 자금관리를 해야겠다고 느끼는 이유는 무엇일까? 이렇게 되기 전에 미리 운동도 하고 자금 관리도 해놓을걸.'

이런 삶이 반복된다.

우리는 열정과 열의로 모든 것이 가능하다는 착각 속에 살아가고 있다. 1월 1일 가장 손님이 많은 곳은 어디일까?

헬스장이다. 새해에는 꼭 운동해서 멋진 몸을 만들어서 여름에 놀러 가야겠다고 생각한다. 그리고 과감하게 PT를 등록하고 마음속으로 생각한다.

'열심히 운동해서 새해에는 다른 사람으로 살아야겠다.'

그렇게 몇 주에서 몇 달이 지나면 어떻게 될까?

내가 운동을 꾸준하게 해 왔을 때가 생각이 난다. 1월 1일 사람이 급격하게 많아졌다. 운동기구는 제대로 쓸 수가 없었고 운동하는 데 집중이 되지 않았다. 그렇게 몇 주가 지나니 원래 하던 사람들만 운동하러 왔다. 특히 금요일에는 사람이 거의 없었다. 이유는 예측할 수 있다. 내일이 주말이니 금요일 저녁을 즐기러 가는 사람들이 많아서 그럴 것이다.

열정과 열의는 공통으로 열이라는 단어가 들어간다. 열은 식는 게 디폴트값이라고 했다. 열정과 열의는 언젠가는 식을 수밖에 없다는 것이다. 내적인 변화로만 나의 삶을 바꾸기는 어렵다. 그냥 마음속으로 변해야겠다는 생각은 언젠가 식기 마련이다. 변화하기 위해 내가 앞으로 어떻게 해야 할 것인지 구체적인 계획이 필요하다.

내가 변하기 위해서는 '단순히 내가 변해야 한다!' 라고 마음을 먹는 것만으로는 힘들다. 어떤 사람으로 변하고 싶은지, 변하기 위해 나는 매일 무엇을 해야 하는지 계획을 세워야 한다. 나는 변화하기 위해서 모든 것을 바꾸기로 결심한 사람이다.

일어나는 시간부터 잠이 드는 순간까지 지금까지 해왔던 모든 것을 포기했다. 처음에는 고통스러웠고 많은 스트레스를 받았다. 평소에 일어나는 시간보다 일찍 일어나야 했고, 정신이 아직 깨지 않은 상태에서도 책을 읽고 글을 썼다. 나와의 싸움이 시작된 것이다.

나를 이겨야 한다는 생각으로 마음을 굳게 먹었다. 평범한 인생을 살기 싫은데, 평범한 노력으로 어떻게 내가 변할 수 있겠는가? 그냥 '나를 바꾸겠다'는 생각으로는 나를 변화시킬 수가 없었다. 많은 유혹이 항상 내 옆에 머물러 있었고, 잠시 딴 생각을 하는 사이 평소에 하던 행동을 되풀이하려고 했다. 그래서 습관이 무서운 것이다.

완전하게 다른 사람으로 변해야 한다. 흡연을 하는 사람이 금연하기 위해서는 그 즉시 끊어야 한다. 흡연하는 것을 줄이는 것으로는 금연을 할 수가 없다. 완전히 그 순간부터 끊어야 하듯이. 내가 변하기 위해 결심한 그날부터 모든 것을 끊어야 한다. 그래야 유지할 수 있다.

시간이 지나면 편한 행동을 위한 욕구와 변하기 위한 행동의 욕구가 부딪히는 날이 많아지기 시작한다. 그 지점을 이겨내지 못하면 원래의 삶으로 돌아가는 것이다. 그래서 해야 할 일들을 컴퓨터 모니터 메모장에 적어 놓고 컴퓨터를 켬과 동시에 보이게 해 놓았다. 새벽에 일어나기, 카드 사용량 줄이기, 독서하기, 글쓰기, 운동하기였다. 내 눈에 시각적으로 보이기 때문에 다시 정신을 차릴 수 있었다.

'오늘은 쉬고 싶다'는 생각이 들 때 컴퓨터 메모장이 바로 보이니 다시 마음을 잡을 수 있는 것이다. 그렇게 내가 변화하기 위해 나의 주변과 환경을 전부 바꿔야 한다. 내가 평소 사용하는 공간에서 해왔던 행동들이 있다. 그래서 공간을 나누기로 했다. 책 읽을 곳, 스터디카페에서 글을 쓰는 곳. 컴퓨터 앞에서 그 공간으로 가면 자연스럽게 해야 할 행동들이 떠오르기 시작했다. 환경이 정말 중요하다는 것을 깨달았다. 주변 환경에 우리는 민감하게 반응한다. 내가 변화할 수 있는 환경을 먼저 만들어 놓아야 한다.

환경을 만들고 해야 할 목록을 내 눈앞에 보이게 해놓으면 다시 생각할 수 있는 기회를 한 번 더 얻을 수 있다. 시각적으로 목표를 보이게 설정한다면 자연스럽게 목표 달성을 위한 행동으로 옮길 수가 있다. 운동을 하는 게 귀찮지만, 헬스장에 가면 또 열심히 하는 게 인간이다. 주변의 환경에 민감하게 반응하고 의욕을 받을 수 있다.

변화하자. 내가 변하면 내가 살아가는 세상 역시 변화한다. 의지를 갖추고 변화하겠다는 마음을 굳게 먹고 오늘부터 나를 발전시킬 수 있는 게 무엇인지 생각해서 당장 적용해 보자. 처음에는 어렵지만, 인간은 적응의 동물이다. 나의 삶을 발전시켜 줄 수 있는 게 무엇인지 생각하고 변화해야 한다. 새로운 나를 만나러 갈 시간이다.

행동하지 않았을 때의 손해

살을 빼고 싶지만, 운동은 하지 않는다. 영어를 잘하고 싶지만, 영어책은 사지도 않는다. 사업을 하고 싶지만 관련된 정보를 찾아보지 않는다. 돈을 모으고 싶지만, 평소와 같이 돈을 쓰고 있다. 카드 값을 메우느라 힘들지만, 다시 카드를 쓰고 있다. 속이 좋지 않지만 역시 오늘도 술을 한잔 하러 나간다. 책을 읽어야지 하는 생각은 하지만 역시 책을 읽지 않는다.

행동하지 않고 뭔가를 바라고만 있지는 않을까? 방법만 계속해서 찾기만 할 뿐이다. 정작 그 시간에 행동으로 옮겼다면 뭐라도 하나 얻었을 건데, 그렇게 하지 못하고 있지 않을까?

행동하지 않으면 아무것도 얻을 수가 없다. 행동으로 옮기지 않으면 아무런 변화도 일으킬 수가 없다. 생각은 누구나 할 수 있고 방법은 많다.

새해는 어떠할까? 벌써 시간이 많이 지났을 거다. 다짐은 누구나 하고 있다. 그리고 다이어리나 계획표에 새해 목표를 적어놓고 실천하지 않고 있다. 내년에는 이런 목표를 달성하겠다, 새로운 사람으로 태어나 멋진 삶을 살겠다고 생각하고 그런 생각을 새해마다 되풀이 한다.

작년과는 완전히 다른 삶을 살아가고 있을까? 행동으로 옮기지 않았을 때의 손실을 계산해 본 적은 있을까? 그렇다면 왜 행동으로 옮기지 않는 것일까? 미래는 불확실하니까 행동으로 옮기기 어렵다고 느낄 수도 있다. 불확실한 것에 의존하지 않는 것이 인간이다.

실패의 위험성보다 성공의 가능성을 먼저 볼 줄 아는 안목을 길러야 한다. 도전은 언제나 실패와 성공을 동시에 지니고 있다. 하지만 우리는 실패에 대한 위험성만 생각한다. 나에게 큰 타격을 주지나 않을까 염려하고, 부정적인 생각들이 내 몸을 하도록 방치함으로써 행동으로 옮기지 못하고 있을 수도 있다. 하지만 무엇인가 얻기 위해서는 일단 해보는 게 중요하다. 행동으로 옮기고 결과를 얻어야 한다.

우리가 항상 하는 말이 있다.

"내가 마음만 먹으면 뭐든지 할 수 있어."

그렇다. 마음만 먹고 행동하지 않고 있다.

실패할 수도 있다. 내가 무엇인가 도전했을 때 실패할 가능성이 클 수도 있다. 하지만 성공할 수도 있다.

우리는 항상 실패를 염두에 둔다. 그리고 실패할 것이라고 단정지어 버린다. 행동하지 않으면 아무것도 얻을 수 없는 것을 알고 있다. 작은 실패 때문에 삶을 바꿀 수 있는 도전을 하지 않으려고 한다.

두렵다. 무섭다. 실패할 것 같다. 안 되면 어떻게 하지? 안 될 것 같아 등등 우리는 수많은 평계를 찾으면서 부정적인 말들로 내 머릿속을 채운다. 지금까지 이렇게 살아왔지만 크게 잘못된 적이 없다.

살 빼는 방법은 모두가 알고 있다. 운동하고 식단을 관리하고 건강한 삶을 살면 된다. 더 나은 삶을 사는 방법 역시도 알고 있다. 자기계발을 하고, 독서를 하고, 공부하면 되는 것이다. 하지만 행동으로 옮기지 않는다.

책을 읽지 않아도 먹고사는 데 지장이 없고, 그 시간에 책을 읽고 공부를 한다고 성공을 할 수 있는 게 확실한지에 대해서도 의문을 가진다. 차라리 그 시간에 나에게 편안함을 주고 평소에 하던 것을 하는 게 나을 수도 있다고 생각한다. 그래서 행동으로 옮기지 않는 것을 선택한다.

행동으로 옮기지 않으니까 정말 아무것도 바뀌지 않았다. 목표를 보고 쏘는 게 중요하다. 그런데 명중할지 빗나갈지 그 누구도 모르는 상황에서 아예 쏘지를 않으니 100% 맞지 않는 것이다.

데일 카네기의 『자기 관리론』에는 이런 내용이 있다.

"첫째, 성공할 수도 있다. 둘째, 만약에 성공하지 못한다 해도 손실을 이익으로 바꾸려는 시도 자체로 우리는 과거가 아니라 미래를 바라볼 수 있게 된다. 인생에서 가장 중요한 일은 자신의 이득을 잘 이용하는 것이 아니다. 바보라도 그렇게 할 수 있다. 진정 중요한 일은 손실을 이익으로 만드는 것이다."

내가 이득인 상황을 이용하는 것은 누구나 할 수 있다. 내가 손실을 보더라도 이익으로 바꾸는 시도가 더 중요하다. 내가 퇴근하고 글을 쓰고 책을 읽는 것이 어쩌면 내가 손실을 져가오는 것일 수도 있다. 차라리 운동하고 쉬는 것이 내 정신건강에 좋을 수도 있을 것이다.

하지만 시도 자체로 나는 미래를 바라볼 수 있다. 지금은 미약하고 발전이 없어 보이는 상황이라도 계속하면 변화가 찾아오기 때문이다. 당장 이익이 없을 수도 있다. 즉각적인 보상이나 눈에 보이는 성과가 나타나지 않을 수도 있다. 지금은 그럴 것이다. 하지만 시간이 지나고 내가 더 노력하면 나의 삶은 바뀔 수도 있는 것이다. 실패했다면 경험한 것으로 생각하면 된다. 실패가 두려워서 도전하지 않는 것 자체가 실패라고 했다.

나는 나에게 말한다. 나는 무조건 성공할 것이다. 성공한 사람이다. 나는 내가 살기로 한 삶을 살게 될 것이다. 그렇게 하게 만들 것이고 그렇게 할 의지가 있기 때문이다. 많은 도전을 하면서 목표를 달성하고 있다.

하지만 신기한 건 나는 이렇게 될 줄 알았다는 것이다. 내가 그런 결과가 나오게끔 노력하기로 했기 때문이다. 목표를 달성하기 위해 모든 시간을 한 곳에 집중했다. 그리고 나만의 성공방식을 찾게 되었다.

아주 간단하다. 단 한 가지다. 무조건 되게 한다는 마음, 그리고 성공하겠다는 강렬한 의지와 행동이다. 그 속에서 나는 계속해서 방법을 연구하면서 실패 가능성을 찾아내 없애면 되었다.

나의 단점을 찾아보고 어떻게 성공할 수 있을지 계속 생각하고 노력해 보는 거다. 목표를 이루고자 하면 이루게 되어 있다. 하려는 의지가 있으니 뭐든 하게 되었다. 수많은 방법을 나에게 적용하고 행동으로 옮기면서 성공한 원인과 실패한 원인을 분석하고 방법을 계속 수정하기 시작했다. 그렇게 나는 글 쓰는 사람으로 변해가고 있었고 작가가 되겠다는 목표를 향해 한 걸음씩 나아가는 사람이 되고 있었다.

계속해서 앞으로 나아가겠다는 마음과 행동을 하면 된다. 행동하지 않았을 때 얼마나 큰 손실이 있는지 스스로 알아야 한다. 토끼와 거북이 이야기만 봐도 알 수 있다. 잠시 멈춘 토끼는 경기에서 패하고, 느리더라도 꾸준하게 나아간

거북이가 결국에는 승리한다.

행동으로 옮기면 내가 예상한 결과보다 훨씬 값진 결과를 얻을 수 있다. 나도 걱정이 많았다. '안 되면 어떻게 하지?'라는 말이 내 머릿속을 지배한 적이 많았다. '잘못되면? 내가 생각한 결과가 나오지 않으면 어떻게 할까? 나는 그럼 망하는 것인가?' 등등 나를 계속해서 불안 속으로 스스로 던지고 있었다.

그런 불안과 두려움을 없애는 최고의 방법은 행동하는 것이었다. 하루하루 정말 바쁘게 살면 부정적인 생각이 자리를 차지할 수 없다. 해야 할 일로 가득차 있고 사용하는 시간의 빈 곳이 없기 때문이다. 계속 그렇게 행동으로 옮기니 부정적인 생각은 이제 들지 않는다. 어떻게 하면 더 글을 잘 쓸 수 있을까? 어떻게 하면 성공할 수 있는 확률을 높일 수 있을까 하는 것에만 몰두하게 된다. 점점 자신감이 높아지고 자존감이 올라가는 현상을 느끼게 되었다.

많은 사람이 나에게 있어 실행력이 정말 좋다고 하는 이유는 남들이 걱정하고 고민하는 시간에 이미 나는 행동으로 옮기고 있기 때문이다.

누군가는 내가 고민하고 걱정하는 사이에 벌써 행동으로 옮겨서 앞으로 나아간다. 내가 제자리에 있는 이유는 행동으로 옮기는 대신 생각만 하고 있는 사이에 남들이 앞으로 나아가고 있기 때문이다. 대부분 준비가 완벽하게 되지 않았다는 이유로 앞으로 가지 않는다.

도대체 완벽한 준비라는 단어가 존재하는지도 나는 의문이 든다. 그렇다면 모든 시험에서 나는 100점을 맞았어야 한다. 아무리 준비해도 완벽한 준비는 존재하지 않는다. 언제까지 기다리고만 있을 것인가? 언제까지 준비만 하고 있을 것인가.

부대에서 사격을 할 때가 생각난다. 표적이 올라오는 시간이 있고 내려가는 시간이 정해져 있다. 단 몇 초 안에 나는 방아쇠를 당겨 표적을 명중시켜야 한다. 하지만 준비가 완벽하게 된 상태에서 사격하면 표적은 이미 넘어간 뒤였다.

고민도 된다. 맞을까? 안 맞을까? 확률은 반반이다. 실력에 따라 다를 수는 있지만 결과는 두 가지밖에 없다. 명중하든가 그렇지 않든가. 그런 고민을 하는 순간에 표적은 어떻게 되겠는가? 그냥 넘어가 버린다. 사격해야 맞든가 안 맞든가 결과가 나오는데, 내가 고민만 하고 있는 순간, 걱정하고 있는 순간에 이미 기회는 날아가 버리고 없다.

삶에 있어서도 그런 순간들이 찾아온다. 고민하고 생각하는 순간 기회는 순식간에 사라진다. 기회가 사라지기 전에 내가 먼저 움직여야 한다. 가만히 앉아서 기회를 버릴 것인가? 누군가는 그 기회를 보자마자 움직여서 잡든가 놓치든가를 놓고 움직이는 시간에 나는 뭐가 그렇게 걱정되어 잡으려는 시도조차 하지 않고 있는 것일까?

시간은 정말 소중하다 내가 고민하고 걱정하는 모든 시간도 나에게는 두 번 다시 오지 않을 시간이다. 그런 시간을 낭비하지 말아야 한다.

불확실성에 몸을 던져라

세상에는 수많은 도전이 있다. 새로운 삶을 향한 도전, 미래가 불확실한 도전, 실패할 가능성이 큰 도전 등 도전 과제들이 정말 많다. 내가 지금 하고 있는 도전 역시 불확실하고 새로운 삶을 향한 도전이다. 삶이 걸린 도전이다. 앞으로 나는 작가, 인플루언서, 동기부여 강사로서의 삶을 살기로 다짐했다.

두려움을 깨고 한 걸음씩 나아간다는 것은 나 역시 너무 두려웠다. 이 길이 맞는 길인지, 올바른 선택을 한 것인지조차 알 수 없다. 불확실하다. 지금의 생활을 이어 나가는 게 맞을까? 내 머릿속에서 끊임없는 전쟁이 일어난다. 할까?

말까?

중요한 선택의 갈림길에서 나는 나를 믿기로 했다. 그냥 해보자! 새로운 삶을 만들기 위해 결국 내가 변해야 한다. 내가 선택하고 결과를 받아들이기로 했다. 결정하니 내가 준비해야 할 게 무엇인지 확실하게 정해졌다.

나는 지금 주말 없는 삶을 살고 있다. 내가 설정한 목표를 달성하기 전까지 남들과 똑같이 쉬고 놀 수 없다고 다짐했다. 도전에 있어 가장 불안을 느끼는 것은 나 자신이다. 물론 주변의 지인들이나 부모님도 나에 대해 걱정하고 계실 거다. 불확실하니까, 안전하지 않기 때문에 지금처럼 살아가기를 바라고 계신다. 하지만 나는 현재의 불행보다는 미래의 불안을 선택하기로 했다.

마틴 루터 킹은 이렇게 말했다.

"우리는 두려움의 홍수에 버티기 위해서 끊임없이 용기의 둑을 쌓아야 한다."

두렵다면 더욱더 철저하게 준비하면 된다. 두려움을 느낀다는 것은 내가 준비되어 있지 않기 때문이다. 자신 없어서 불안해서 두려움을 느끼는 것이다.

어떤 도전을 하든 불확실한 것은 똑같다. 내가 얼마나 많은 준비를 했고 자신 있게 밀고 나갔느냐가 중요하다. 남의 말에 휘둘리지 말고 내면의 목소리를 들어야 한다.

나는 우물 안 개구리였다. 아니 아마도 올챙이였을 수도 있다. 세상은 내가 지금 겪고 있는 것이 전부인 줄 알았다. 안전한 직장, 꼬박꼬박 나오는 월급이면 나는 세상을 안전하게 살아갈 수 있다고 생각했다. 퇴근해서 놀고 먹고 쉬다가 출근만 잘 하면 되는 줄 알았다. '그래, 이것이 나의 삶이구나.' 하고 그렇게 살아왔다.

주변 사람들도 거의 비슷한 생각을 하고 있었다. 만나는 사람들이 나와 같은 일을 하고 있었기 때문이다. 그러니 내가 잘못된 건 아니지만 '그래도 잘하고 있구나.' 라는 착각 속에 살았다. 맞고 틀리고의 문제가 아니라 그렇게 되니 나의 꿈과 목표 자체가 흐릿해졌다.

보통 사람들은 자신이 변하기 위해서는 어떤 큰 계기가 필요하다고 생각한다. 사업이 망했거나 병에 걸렸거나 자기 삶에서 안전한 울타리가 갑자기 사라졌을 때 영향을 받고 그 일을 계기로 해서 무엇인가를 도전하려고 한다.

책을 몇 백 권 읽어 보고 글을 계속 써 보니 한 가지를 깨닫게 되었다.

'도전하지 않으면 정말 이대로 살 수밖에 없겠구나.'

책에서는 어떤 직업을 선택하든 간에 그 직업을 정말로 좋아하는 사람과 경쟁해야 한다면 내가 정말 좋아하는 직업을 선택하라고 했다.

곰곰이 생각해 보았다. 나는 정말로 좋아하는 직업을 선택했고, 그 경쟁에서 우위에 설 수 있는 사람인가? 내가 원하는 삶이 정말 지금의 삶인가? 자신에게 많은 질문을 던져 보았고 스스로 답을 내리기 시작했다.

팀 페리스는 이렇게 말했다.

"앞으로 나가기 위해서는 뒷발이 떼어져야 한다.
오도 가지도 못한 채 앞발과 뒷발 사이에서 얼마나 많은
시간을 그냥 보냈는지 생각해라. 안전한 삶에 한 발을
가보지 못한 삶에 한 발을 걸친 채."

앞으로 가지도 못하고 뒤로 가지도 못한 삶을 계속해서 살아왔다. 안전한 삶에 한 발을 걸치고 가보고 싶은 삶에 한 발을 걸친 채 그 자리에서 아무것도 하지 못하고 시간을 계속해서 보냈다. 무엇인가 잡기 위해서는 내가 가지고 있는 것을 놓아야 했다.

목표를 달성하기 위해 쉬는 것을 포기해야 했고, 자는 시간도 포기했다. 등가교환이라고 들어 봤을 것이다. 인생은 내가 한 만큼 그대로 돌려 준다는 것을 깨달았다. 내가 노력한 만큼만 성과를 얻을 수 있다. 90을 했다고 91의 성과로 돌아오지 않는다. 정확하게 비례한다. 노력하는 사람이 언젠간 성공에 길에 다다르는 이유가 그것이다.

성공은 눈으로 보이지 않는다. 정해져 있지도 않다. 언제 성공을 할 수 있을지, 내가 원한 목표를 달성할 수 있을지 사실은 미지수다. 다른 삶을 사는 게 정말 지금보다 나은 삶을 살 수 있는지 확신도 없다. 하지만 지금처럼 지낸다면 미래는 불 보듯 빤해 보였다. 예측이 가능한 삶이다.

나의 미래는 이미 다른 사람들이 내 주변에서 살아가고 있다. 지금 나의 가치는 낮다고 생각한다. 그래서 가치를 올릴 방법을 계속해서 찾기 시작했다. 소비자에서 생산자로 거듭나기 위해 나만의 능력을 갖추기 위해서 부단히 노력하는 중이다.

누군가는 "뭐 하러 그렇게까지 노력하느냐?"라고 하는 사람들도 있었다. 그렇게 한다고 삶이 변하지 않을 것이라는 말도 많이 들었다. 그냥 지금처럼 지내라. 지금이 그래도 나쁘지는 않지 않느냐는 말이었다.

맞았다. 하지만 나쁘지만 않았을 뿐 좋다는 생각 역시 들지도 않았다.

내가 앞으로 가기 위해서는 반드시 뒷발이 떼어져야 한다. 그 뒷발에는 그동안 내가 해왔던 모든 것이 담겨 있을 수도 있다. 안전한 삶이 되었을 수도 있고 싫은 일을 억지로 해야 하는 삶일 수도 있다. 앞에는 내가 원하는 삶이 있다고 생각한다.

과정이 옳다면 나의 시도는 실패가 아니다. 성공을 위한 경험이었을 뿐이다. 나는 모든 것을 기회로 삼으려고 한다. 책을 출간한다고 해도 그 책의 판매가 시원치 않을 수도 있다. 요즘은 책을 많이 읽는 문화가 아니라서 출판 시장이 얼어 붙었다는 이야기를 종종 들었다.

하지만 그렇다고 해서 그런 환경이라고 할지라도 멈추지 않기로 했다. 다르게 생각하면 나보다 글을 잘 쓰는 수많은 사람들이 도전을 하지 않을 수도 있다. 그래서 나처럼 글을 잘 쓰지 못하는 사람도 새로운 기회를 얻었다고 생각한다.

사람의 앞일은 예상할 수 없다. 해보고 판단해야 한다. 잘 안 될 수도 있지만 계속해 보는 수밖에 없다. 될 때까지 하다 보면 언젠가는 성공한다고 항상 생각한다.

중요한 것은 실패하더라도 배우는 게 있다는 것이다. 무슨 도전이든지 100%는 없다. 100%라면 도전이 아니기 때문이다. 처음부터 잘하는 사람은 존재하지 않는다. 과거에 모든 경험이 쌓여서 지금의 내가 되었다. 미래의 나는 지금의 행동들이 쌓여서 또 다른 모습으로 변해 있을지도 모른다. 하지만 도전하지 않는다면 절대로 새로운 나를 만날 수가 없다.

생각하는 것에서 멈추면 안 된다. '한번 해볼까?' 생각이 났으면 바로 도전을 해봐야 알 수 있다.

나중에 해야겠다는 말은 안 하겠다는 말과 똑같다. 일단 행동한 다음 결과를 보고 수정하는 게 훨씬 이득이다. 도전하지 못해서 나중에 후회하는 것보다 하고 나서 후회하는 게 더 좋다는 것을 알고 있을 것이다. 불안해도 일단 해보는 거다. 포기만 하지 않으면 된다.

불확실성에 몸을 던지라는 이유는 내가 원하는 삶이 불확실성 안에 존재하고 있기 때문이다. 성공한 사람들의 이유는 많다. 재능도 모두 다르고 성공 공식도 전부 다르다.

하지만 실패한 사람들의 이유는 한 가지이다. 바로 포기하는 것이다. 그리고 시도조차 하지 않는 것이다. 나는 그런 삶을 살기는 싫었다. 불안감에 휩싸여서 내가 하고 싶은 일을 해보지도 못한 채 질질 끌려가는 삶을 살아가기가 싫었다. 궁금했다. 어떤 삶일지 궁금하고 호기심에 가득 차 있다. 그런 긍정적인 생각이 불확실함을 밀어내 주고 있다. 예상이 가능한 삶에서 예상할 수 없는 삶을 살아간다고 생각하면 가슴이 두근거린다.

심장이 두근거리는 삶 미래를 예측할 수 없는 삶을 살아갈 때 우리는 가슴 뛰는 삶을 살 수 있다. 어떤 도전이든, 불확실하다면 자기 자신을 믿고 앞으로 나가는 용기를 가지기를 바란다.

한계를 정하지 말고 한 개를 더하자

나는 많은 도전을 했었다. 100일 100장부터 블로그를 성장시키고, 인스타그램, 스레드 x 등 글을 쓰면서 나의 온라인 명함을 만들기 위해 쉬지 않고 노력했다. 그리고 2023년 7월, 작가가 되겠다는 결심을 하고 어느새 이렇게 책을 집필하고 있다.

2023년 5월, 책을 처음 접하면서 지금까지 책을 읽고 있다. 7월부터 지금까지 단 한 번도 쉬지 않고 글을 쓰기 시작했다. 온라인 SNS를 처음 시작하고 성장하기 위한 방법을 찾아보고 연구했던 날들이 지금 나에게 큰 힘이 되어 주고 있다.

불과 1년도 안 된 시간 동안 나는 다른 사람이 되었다. 3개월 만에 인스타그램은 1만 명의 팔로워를 가지게 되었고, 블로그는 8,000명의 이웃이 생기게 되었다. 만약 포기했다면, 중간에 내가 멈추었다면 이룰 수 없는 성과들이다. 아무것도 몰랐던 내가 이렇게 변한 것처럼 모두 할 수 있다고 생각한다. 도전하지 않으면 아무것도 바뀌지 않는다. 내 삶을 바꾸기 위해 내가 움직이지 않으면 아무도 도와 주지 않는다.

지금 마지막 장을 쓰면서 많은 것을 느끼고 있다. 상상으로만 꿈꿔 왔던 일이 이제는 이루어지고 있다는 것을 안다. '언제쯤 이룰 수 있을까? 할 수는 있을까?' 막연하게 작가가 되고 싶다는 생각이 여기까지 다다르게 만들었다.

사실 멀고도 멀리 있다고 생각했던 꿈이었다. 글이라고는 한 번도 써본 적이 없고, 평소에 책을 읽어 본 적도 없는 내가 하루가 다르게 계속 변화하고 성장하면서 작가라는 꿈을 향해 걸어가고 있는 모습을 보면 나조차 실감할 수 없다.

'언젠가'는 곧 '마침내'가 된다. 모든 것은 시작이 있고 끝이 있기 마련이다. 그리고 끝은 또 다른 시작을 알리는 곳이다. 처음에 글을 쓰기 시작할 때 정말 막막했다. 방법도 모르고 글도 잘쓰지 못하는 내가 어떻게 책을 집필할 생각을 했는지도 의문이 든다. 나의 삶을 바꿔보고 싶다는 생각으로 도전하게 되었다. 인플루언서가 뭔지도 몰랐고, 온라인의 명함이 무엇인지, 생산자가 무엇인지도 모른 채 살아왔다.

내 꿈을 포기하지 않고 앞으로 나아가면 성공할 것이라는 믿음만을 가지고 있었다. 그렇게 나는 지금 많은 수식어를 내 이름 앞에 붙여 나가고 있다. 나중에는 동기부여 강사가 되어 전국을 돌아다니며 강의를 하며 사람들을 돕는게 꿈이다. 그리고 이번 도전으로 확실하게 깨달았다. 언젠가는 마침내가 된다는 것을.

자기계발, 동기부여 블로그를 운영하면서 항상 하는 말이 있다. 한계를 정하지 말고 한 개를 더하라는 이야기이다. 나의 대표 문구이다. 나는 그렇게 하기로 결심했고 행동으로 옮기기 시작했다. 바쁘고 피곤해도 오늘 해야 할 일을 미루지 않고 계속해서 했다. 그런 노력과 작은 발걸음이 모여 지금의 자리에 있다고 생각한다. 아직은 구체적인 성과를 이루어낸 것도 아니다. 하지만 내가 예전처럼 살았다면 절대로 이룰 수 없는 성과라는 것은 확실하다.

꿈을 꿈으로만 인식하면 정말 꿈을 그칠 수 있다. 하지만 목표로 삼고 앞으로 나아가면 언젠가 목표에 다다른 나를 발견할 수 있으리라.

책이 인생의 전환점이 되었고 글을 쓰면서 내가 살고 싶은 인생이 무엇인지 확실하게 깨달았다. 그리고 행동하면서 점점 그 꿈을 실현해 나아가고 있다.

내가 상상하고 원했던 모습이 되기 위해 포기하지 않고 자신을 믿고 나아가야 한다. 지금의 안락한 삶 그리고 편안한 삶이 나에게 독이 될 수 있다는 것을 깨달았다. 새로운 삶을 살기 위해 큰 노력이 필요하고 그에 맞는 행동이 필요하다. 도전을 무서워하지 않았으면 좋겠다. 불확실성에 정면으로 맞서는 용기를 가지기를 바란다. 어떤 삶이 펼쳐질지 예측할 수 없는 삶을 살아갈 때 우리는 삶의 의미를 찾을 수 있다. 똑같은 생활, 하루하루 다람쥐 쳇바퀴 돌듯이 살아가면 진정으로 내가 원하는 게 무엇인지 알 수 없다.

새로운 도전에 나서면 발견하지 못했던 나의 새로운 능력을 알 수 있다. 책을 읽지 않았고 글을 쓰지 않았다면 책을 집필할 생각도 하지 못했을 것이다. 미래는 불투명하고 불확실한 게 당연하다. 그 두려움을 깨고 앞으로 나아가는 사람은 용기 있는 사람이다. 그리고 자신이 원하는 삶을 살아갈 수 있는 사람이라고 생각한다. 나 또한 그런 삶을 살기로 했다. 주변의 수많은 만류에도 묵묵히 나의 길을 가겠노라고 다짐했다.

결과는 그 누구도 예측할 수 없다. 성공할지, 실패할지 아무도 알 수가 없다. 자신을 믿고 앞으로 나아가는 방법밖에 없다. 지금까지 자신이 해왔던 모든 것들을 한번 생각해보기를 바란다. 수많은 역경을 이겨내고 지금의 자리에 있을 것이다. 아무나 그렇게 할 수 없다. 나였기 때문에 가능한 일이었을 거고, 나라서 견뎌 낼 수 있었을 거다. 인생을 살면서 목적과 목표가 무엇인지 자신에게 스스로 물어보고 그 답을 찾기를 바란다.

나는 어떤 모습으로 사람들에게 기억되고 싶은지, 내가 나를 보았을 때 인정할 수 있는 사람인지, 내가 정말로 원하는 모습은 무엇인지 스스로 알아야 한다. 나와의 대화를 통해 내면의 목소리를 찾을 수 있어야 한다. 지금까지 타인의 시선이 무서워서, 나에 대한 평가가 잘못될까봐 정작 자신이 하고 싶은 일을 하지 못하고 살아왔을 수도 있다. 어쩌면 지금도 그렇게 시간을 흘려 보내고 있을 수도 있다.

스스로 되돌아보는 시간을 가지기를 바란다. 독서하고 공부하고 글을 써 보면서 자신을 찾는 여행을 먼저 나서야 한다. 나에 대해 확실하게 알지 못한다면 도전을 망설일 수밖에 없다. 내 삶의 주인공은 내가 되어야 한다. 주연이 되어야 하는데, 조연으로 살아가기를 스스로 선택하지 말자.

나만이 가지고 있는 장점을 알아야 한다. 아직 알지 못했다면 책을 읽어 보고 글을 써 보고 실천으로 옮겨야 한다. 미래는 그 누구도 예측할 수 없다. 그렇기에 인생이다. 결과를 모르는 것 가슴을 두근거리게 하는 당신만의 삶을 살기를 진심으로 응원한다.

독기를 휘두르다

지은이 박수용

발행일 2024년 7월 31일 초판 1쇄

　　　　 2024년 8월 12일 초판 2쇄

펴낸이 양근모

펴낸곳 도서출판 청년정신

출판등록 1997년 12월 29일 제 10-1531호

주 소 경기도 파주시 경의로 1068, 602호

전 화 031) 957-1313 팩스 031) 624-6928

이메일 pricker@empas.com

ISBN 978-89-5861-243-8 (13320)